版权声明

Child-Initiated Play and Learning: Planning for Possibilities in the Early Years (Second Edition) by Annie Woods

© 2017 A. Woods

Authorized translation from the English language edition published by Routledge, a member of the Taylor & Francis Group.

All rights reserved. No part of this book may be reprinted or reproduced or utilised in any form or by any electronic, mechanical, or other means, now known or hereafter invented, including photocopying and recording, or in any information storage or retrieval system, without permission in writing from the publishers.

Copies of this book sold without a Taylor & Francis sticker on the cover are unauthorized and illegal.

保留所有权利。非经中国轻工业出版社"万千教育"书面授权，任何人不得以任何方式（包括但不限于电子、机械、手工或其他尚未被发明或应用的技术手段）复印、拍照、扫描、录音、朗读、存储、发表本书中任何部分或本书全部内容。中国轻工业出版社"万千教育"未授权任何机构提供源自本书内容的电子文件阅览、收听或下载服务。如有此类非法行为，查实必究。

Child-Initiated Play and Learning

Planning for Possibilities in the Early Years (Second Edition)

儿童发起的游戏和学习

——为无限的可能性而规划

[英] Annie Woods 等 著

叶小红 译

中国轻工业出版社

图书在版编目（CIP）数据

儿童发起的游戏和学习：为无限的可能性而规划／
（英）安妮·伍兹（Annie Woods）等著；叶小红译.—北京：中国轻工业出版社，2020.12（2024.1重印）
ISBN 978-7-5184-3097-0

Ⅰ.①儿… Ⅱ.①安… ②叶… Ⅲ.①游戏课－学前教育－教学参考资料 Ⅳ.①G613.7

中国版本图书馆CIP数据核字（2020）第136851号

责任编辑：张天怡　　　责任终审：腾炎福
策划编辑：高　君　　　责任校对：刘志颖　　　责任监印：吴维斌

出版发行：中国轻工业出版社（北京鲁谷东街5号，邮编：100040）
印　　刷：三河市双升印务有限公司
经　　销：各地新华书店
版　　次：2024年1月第1版第7次印刷
开　　本：710×1000　1/16　印张：12.5
字　　数：100千字
书　　号：ISBN 978-7-5184-3097-0　定价：58.00元
读者热线：010-65181109
发行电话：010-85119832　　010-85119912
网　　址：http://www.chlip.com.cn　http://www.wqedu.com
电子信箱：1012305542@qq.com
如发现图书残缺请拨打读者热线联系调换
232125Y1C107ZYW

译者序　为儿童创造可能的生活

坦率地说，最初是这本书的名字吸引了我——《儿童发起的游戏和学习：为无限的可能性而规划》(*Child-Initiated Play and Learning: Planning for possibilities in the early years*)。近年来，"儿童在前，教师在后"的观念正越来越被幼儿园教师广泛接受，但"当幼儿的游戏中出现学习的契机，或当幼儿在游戏中表现出学习的倾向时，教师该怎么做"却是当下幼儿园教师在教学中必须面对和思考的问题。所谓"它山之石，可以攻玉"，正是抱着这样的想法我决定翻译这本书，期望书中英国幼教同行的思想和实践能带给我国的学前教育工作者一些启发。

编写本书的几位作者是英国从事早期教育师资培训的资深高校教师，她们对英国早期教育政策、课程改革和教育实践非常熟悉，并努力地从意大利的瑞吉欧·艾米莉亚（Reggio Emilia）教育方法、北欧的森林学校以及新西兰幼儿教育课程大纲（Te Whāriki）等更广泛的视角和方法中汲取改进教育的灵感。他们鼓励教师以反思和批判精神质疑"我们习以为常的处事方式"，从物理环境、情感环境、资源、儿童的兴趣及活动时间和组织方式等学习环境的要素入手进行改革，为儿童的游戏和学习创造条件。

在本书的开篇，作者明确指出本书的写作目的是"让教师欣然地接受儿童游戏中出现的可能性"，"可能性"可谓贯穿本书的一个关键词。"可能性"在一定意义上是指事物发展过程中潜在的趋势，与"现实"构成一对范畴："可能性"反映的是客观事物发展趋势，是尚未展

I

开的、潜在的现实,而现实是已经展开的、实现了的可能性。一方面,"可能性"必然基于一定的"现实"基础;另一方面,"可能性"发展成为"现实"也需要一定的途径和条件。在教育中,我们把"可能性"视为儿童发展的潜力和可能的学习机会,而"现实"是儿童发展的现实水平、当下的学习准备状态(学习的兴趣、愿望和问题)。对"现实"的把握是规划和设计可能的教育活动的依据,而把儿童潜在的发展水平转化为新的现实水平就是教育的使命,也是教师的职责。重视"可能性"要求教师以开放的心态看待儿童和儿童的学习,并在承受"不确定性"带给我们的不安和焦虑的同时,为儿童的学习提供支持。

每个儿童都意味着一种可能性

相比过去,当下是一个能让儿童在有限的范围内更多地体验生活的各种可能性的时代,这使得儿童一方面要适应生活中更多的不确定性、无法预测性,另一方面有更多的机会体验生活中可能性和开放性的选择。着眼于儿童生活,教师不仅要了解儿童带着怎样的经验和情绪进入幼儿园,还要对儿童有一个准确的定位。

教师对于儿童的不同定位,不仅影响着他们对儿童的学习和发展所持的态度,也影响着他们对教育方式的选择。儿童虽然是"一种未完成的存在",但是人们对"未完成"往往会做出不同的解读。当"未完成"被解读为缺陷和不足时,通过教和训练来达到预定的标准就成为一种教育选择。相反,当"未完成"被解读为儿童生命的可塑性和不息的变化性,人们就会充分利用儿童的非凡潜力和内在动力,帮助儿童通过主动学习实现发展的多种可能性。

本书作者认为,教师若把儿童构想成"主导自己成长发展的主角",积极的参与者,有能力、自信的学习者,就会把儿童所知道的和所能做的当作规划和准备活动的依据,让儿童引导活动发展的方向。反之,教师如果把儿童看作需要填补的空瓶、被动的知识接受者，就会想方设法地把他们认为儿童应该学习的知识和应该掌握的技能灌输给儿童。在本书"偶拾：伊登的歌词"中，教师从儿童的书写作品中看到其缺失的能力——书写大写字母和句号，由此将弥补这些缺失的知识设定为下一步的学习内容。然而，在没有读懂儿童行为意图的情况下为其设计接下来的学习活动并没有得到孩子的回应，因为此时伊登的真正兴趣不是学习书写规则而是写歌词。这个案例恰恰说明了无视儿童学习的准备状态，一厢情愿地"以线性的方式规划孩子的下一步学习是危险的，因为这可能会限制孩子的机会"。

教育是面向可能性、独特性这一"生命事实"的意向性实践活动，而重视儿童的可能性就要重视和充分顺应每个儿童的独特性。每一个儿童都是在不断与其所处的家庭、社会文化环境的交互作用中发展起来的，因而都是独一无二的，具有独特的个性和禀赋。教师要"根据儿童自身的背景和经验、生活中的事件、家庭和所在群体，为他们提供有意义的相关经验"。在"偶拾：观察奥斯卡"中，奥斯卡与爷爷一起玩多米诺骨牌游戏时培养起来的对数字的空间意识，使其拥有独特的数数方法，而儿童所拥有的这种独特生活经验在教育实践中常常被教师忽视或无视。

游戏是儿童表征自己想法和进行意义建构的一种载体，也是展示儿童独特性的窗口。教师要敏感地从游戏中发现每个儿童的独特性，并将这种独特性变成使教育活动更为丰富的重要教育资源。另外，游戏也是发展中的儿童参与其周围社区生活的一种方式，因此尊重儿童并赋予儿童游戏的自主权，就能使儿童处于自身发展和学习的中心地位。

儿童发起的游戏和学习

学习是充满可能性的境脉[1]

教师对儿童游戏的贡献，往往是从规划游戏活动的物理环境开始的，而教师如何规划环境取决于其所持的学习观。教师如何看待学习，就会以什么样的方式创设环境。如果把学习视为不同科目的学习，教师就会按照不同的学习领域来规划环境，把班级环境布置成数学区、科学区、语言区等与特定学习相关的区域。相反，如果把学习视为儿童通过主动与周围的环境和人互动而进行的复杂的整体性活动，教师就不会固化区域的活动内容，以提供资源的方式安排物理空间。在这样的物理环境中，每个空间都支持儿童进行所有类型的学习，而不再局限于某个明确的学习领域。

在《终身幼儿园》（*Lifelong Kindergarten: Cultivating Creativity through Projects, Passion, Peers, and Play*）一书中，米切尔·雷斯尼克（Mitchel Resnick）曾以"婴儿围栏"和"游乐场"的隐喻来阐述不同的环境引发不同的学习。所谓"婴儿围栏"是一个限制性的环境，孩子的行动空间有限，探索的机会也十分有限，这使得孩子缺乏实验的自由、探索的自主权和开发创造性冒险的机会；而"游乐场"是一种开放性的环境，给孩子提供更多的空间去移动、探索、实验和协作，因而促进了孩子的掌控力、创造力、自信心的发展。显然，能给孩子们当前和未来的学习提供无限可能性的环境应该是赋能的、包容性的和无限的。

所谓赋能的环境，是指环境允许儿童按照自己的想法进行探索。这不仅体现在教师赋予儿童与环境互动的自由，对儿童何时以及以什么样的方式使用空间和材料不设限，也体现在教师赋予儿童与环境互动的能

---

[1] 境脉，源于英文"context"，意指语境、文脉等，即人或事所处的具体情境、背景等。——译者注

力，根据儿童的活动意图和需要不断地增添和调整材料，通过帮助儿童扩展经验以拓展他们对材料使用功能和方式的认识。

所谓包容性的环境，是指环境的多样性和对来自不同文化背景儿童的友好性。学习环境要为所有不同年龄、不同性别、不同能力的儿童，乃至有身心障碍或有复杂需求的儿童提供充分发挥自身潜力的机会。

所谓无限的环境，是指儿童学习环境和资源的开放性，而开放的环境承载着学习的无限可能性。这就要求教师在学习环境创设中考虑室内外学习的一体化，让发生于幼儿园与家庭中的学习相互沟通，幼儿园生活与社区生活彼此联结。这种无限的环境既为儿童提供了在家庭、社区和幼儿园中建构彼此相关的和支持性经验的机会时，也使学习变得更加真实而丰富。

以可能性衡量学习环境能否支持幼儿自由、自主、创造地游戏和学习，要求教师放弃以成人的视角对环境和材料进行过度工具化的设计，而要追随儿童游戏的兴趣和活动的进展做出呼应性的改变。

教育是基于可能性的规划

所谓教育活动规划，通常是指教师根据儿童能做什么或不能做什么的事实，以及对该年龄段儿童应该达到的发展水平之规范（规定）进行价值判断，进而确定下一阶段的课程内容。本书作者认为"在这样的教与学模式中，控制权和责任都落在了教师那一头，教育质量取决于他们对儿童的了解程度，以及他们设计活动能力的强弱"，如果以这样的方式规划教育，那么儿童的学习范围是有限的。要消除对学习范围的限制，就要让儿童分担学习活动的控制权和责任，"规划是由儿童这个'局内人'决定的，同时受到教师的支持和帮助"。需要指出的是，学习活动规划中强调儿童的参与和责任分担并非在推卸成人的责任，而是体现了一种教育智慧，体现了教育对儿童自身及其发展的关注。

首先，观察与倾听儿童。教师要关注儿童发展的实然状态，通过观察理解游戏中儿童的行为意图，并帮助儿童个体或一群儿童理解什么是好的、恰当的，什么是不好的、不恰当的。这就要求教师具有非判断性的聆听能力，与儿童的对话不以教师自己的兴趣为中心，而是帮助作为主体的儿童感知和理解自己的情感、情绪和意义建构，提高儿童对自我的认识，增强他们的自我责任感。在"偶拾：埃米和海草"中，成人正是通过敏感地观察、等待，让孩子控制游戏的节奏，从而不断地激发和扩展埃米对海滩的探索兴趣。另外，教师通过行为观察收集的信息可用于对儿童正在进行的学习的反思和理解，进而在与儿童相处的关系中采取恰当的教育行动。

其次，支持家长的参与。教师与家长之间的伙伴关系，有助于儿童在环境中获得整体性教育经验。了解儿童生活的家庭和社区等学习发生的背景，可以使教师"根据儿童自身的背景和经验、生活中的事件、家庭和所在群体，为他们提供有意义的相关经验"。家长了解孩子在幼儿园将要做什么，感到自己有能力成为孩子学习的伙伴，就会越来越多地作为学习的资源和促进者参与孩子在园的学习，从而拓展孩子学习的可能性。

最后，鼓励儿童的参与。儿童参与教育活动的规划是儿童的基本权利。然而，怎样让儿童参与到对自己有影响的决策中，这不仅需要成人愿意细心而敏感地倾听并理解儿童发出的信号，也需要成人运用一些有效的沟通方法确保儿童的声音被听到。例如，通过邀请儿童拍照和制作地图，结合对儿童的访谈和观察来引出儿童观点的马赛克方法，就能帮助成人收集儿童的声音。当儿童积极主动地提出自己的想法，选择和决定适合自己的学习方式时，教师就有可能改变习以为常的做法，为每个儿童的学习创造更多的机会和可能性。

在我看来，本书最大的特色在于它不只是在理念层面探讨儿童学习与发展的"可能性"，更是在于通过鲜活的实践案例来告诉和启发广大从事幼儿教育工作的管理者、教师和家长尝试通过灵活而有创意的方式进行教育规划，捕捉日常生活中各种出乎意料的情形，将儿童身上萌发的"可能性"转变为现实。

客观地说，在中文的语境中非常精准地翻译出英文作者的某些真知灼见绝非易事。加之本人对英国学前教育的了解程度和翻译能力有限，所以虽竭勤勉，难逃疏漏。然而，我依然相信，透过书中丰富的案例和作者引人深思的追问，读者肯定能从中借鉴和体悟到一些有效的方法和见解。

叶小红
2020年8月于南京

前　言

我们写这本书的目的在于，让教师欣然地接受儿童游戏中出现的可能性。本书的第一版出版之后，在接下来的两本书《有效学习的特征：创造和捕捉早期教育中的可能性》(*The Characteristics of Effective Learning: Creating and capturing the possibilities in the early years*，2015) 和《儿童早期参与程度测查：儿童参与的可能性》(*Examining Levels of Involvement in the Early Years: Engaging with children's possibilities*，2016) 中，这几位作者又将"可能性"这个主题延续了下去。这三本书之间的关联让我们和出版商都有信心去重新展现我们的观点。我们的学生和早期教育工作者都声称这些观点对他们非常有帮助，能带给他们启发。我们自己的后续研究和阅读，让我们掌握了可以用来充实这些章节的更多"偶拾"和新的见解。当然，本书依然保留了我们跟学生，以及那些在更大范围内从事早期教育的实践工作者共同创造的思想与实践的精髓。我们认为，与不断变化的方针、政策、言论和规定相比，这些思想与实践是永恒的，所以我们希望读者从本书获得鼓励、激发和挑战，在阅读的基础上再思考、再追寻、再回顾、再创造和不断反思。本书不受任何课程的限制，因为不管幼儿园实施什么课程，学习才是我们开展教学的核心。所以，读者可以推测出，所谓的规划和我们所理解的为未来的学习和教学所做的有组织的准备，应该受孩子们的兴趣指引，以我们所观察到的并让我们感到欣喜的游戏和可能性为导向。用朱尼（Giugni）的话说，现在正是质疑"我们习以为常的处事方式"（cited in MacNaughton，2005：116）的时候，就像小孩子总是在问"为什么"一样。

  这些作者对早期教育有着特殊的兴趣。她们与那些有着丰富经验的早期教育工作者、研究生和本科生、见习教师一起并肩工作。正如麦克诺顿（MacNaughton）所指出的那样，早期教育工作者"越来越多地期望只关注普遍的、事先预定的结果，以及取得这些结果的方法。只需按那个正确的'按钮'就行了，而把思考、提问、理解、讨论、争论的可能性都挤掉了"（2005：11）。

  当前，英国关注的是书面计划，强调把计划看作事先确定的朝着一个目标前进的旅程，且这个目标是可追溯、可测量和可完成的。我们经常看到，在规划一个中期或长期的课程时，教师只是阐述他们关注的学习领域、半学期的或"特许"的话题。这些学习内容在成人看来是要优先保证的。然而，作为导师，我们试图与学生们一起挑战这个既定话语，强调麦克诺顿所提出的更吸引人的活动和儿童萌发的兴趣。我们坚持拥抱正在萌发的可能性，让你越发自信地利用已呈现的机会和"偶拾"中的案例进入话语空间。激发是为了在我们所看到的、解释的和做的事情之间留出空间。我们认为，有了这种自信，当孩子们在游戏的自然情境中向你展现证据时，你可能会更乐意，更愿意，也更有能力用自己掌握的信息与顾问、检查人员和领导者进行交流。这个证据将提供"更多针对儿童的观察性研究……从而进行一些发展适宜的有趣任务"，从中我们可以推断出孩子们的"执行功能和自我调节能力"（Whitebread & Basilio，2012）。柯蒂斯和奥黑根（Curtis & O'Hagan）指出：

  布鲁斯（Bruce，1991）从格莱克（Gleik，1988）的混沌理论（Chaos Theory）中发展出一种游戏观。这个理论基于这样一种观点，即在所有的系统中，过程和产品之间的关系都是非线性的（因此是混乱的，永远未完成的，但新的意义在那里会不断涌现）。在游戏的情境中，观察者永远不能完全确定孩子们是如何参与其中的，以及孩子从中得到了什么。因此，成人对游戏及其价值的解读，存在着内在的混乱和争议。

（2003：112）

以上观点与新西兰、瑞典以及意大利瑞吉欧的教育者所采用的教学方法有着共鸣。在那里，孩子们被视为学习活动的主角（他们有能力，也愿意尝试新的事物），敏感的成人是儿童学习的催化剂，周围的环境充满可能性和反思性旅程，学校是"进行民主和道德实践的场所"（Moss & Petrie，2002：2）。

与以往任何时候相比，现在似乎更关注通过多元的、文化的方法和全球教育学来改善我们最年幼儿童的体验。同样振奋人心的是，最近基准评价被"暂停"了。我们认为，应采用基于自然观察的评价模式，因为这种评价能反映许多与儿童有关的背景信息，如儿童的气质、幸福度和参与程度，它应该反映儿童的兴趣，而不应公式化、狭隘地测查儿童特定的发展结果。在第7章中，我们将全面而理性地介绍2015—2016年所发生的变化。

在第二版中，我们仍然致力于让孩子"成为积极的、有创造力的行动者，成为有潜力的主体和公民……"（Dahlberg，1997：22，cited in Moss & Petrie，2002），目的是继续创造"人们思想上的危机……开启新的可能性和期待，提供可选择的线索和解决方法，为人们获得新的理解、看待事物的方式提供机会……"（Moss & Petrie，2002：185）。危机、风险和尴尬也许是令人恐怖的，但它们也可以是神奇的、富有活力的。因为在面对难题或悖论时，我们不得不去做点什么。就像孩子顺应新的信息一样，成人也需要记住并乐于"协商不同的理解，了解意义生成和做事策略的多样化和差异性"（Taguchi，2010：34）。这些主题都反映了社会建构的观点，即学习主要是通过与他人的互动来进行的。它们受到了国际上颇为推崇的与儿童一起工作的方法的影响。儿童被视为领导者，在互惠的、有价值的关系中与同伴、敏感的成人一起独立地学习。预想的可能性意味着将儿童视为充分的参与者，有发言权、自主性和能力的儿童，可以在具有无限可能性的环境中学习。这里的环境可能是情感的、社会的和物理的，象征着儿童进入越来越广泛的社群。我们的模型与布朗芬布伦纳（Bronfenbrenner）的生态系统模型（Ecological Systems model）非常相似，其中蕴含丰富经验的环境类似于俄罗斯套娃。在这个模型中，孩子是被嵌套和培育的中心，被不断扩大的环境包围，并与之发生互动。作为实践者，我们可以支持和推动儿童与家庭，家庭与社区，社区与更广泛的社会之间产生积极的、动态的互动。我们亦要认识到，国家和全球环境（政治环境）会影响我们为社区、家庭和儿童所提供的服务和支持。

对所有儿童和成人来说，教育精神是一种游戏精神。我们可以将"游戏性"定义为以独特的方式积极地感知、思考和做，例如，不论是把茶壶里的水倒进沙盘，还是创造和分享一个新的管理常规，都体现了这种参与性。

本书的作者从不同的学科、理论和研究中汲取了各种观点和方法，以他们在实践中遇到的事件为例来阐述自己的观点。那些与瑞吉欧·艾米莉亚教育方法产生共鸣的观点将再次得到认证。"偶拾"中的事件是真实的，它们不是被"建构"的个案研究，而是为了让我们更好地理解每一章所讨论的观点而提供的事件、回忆和反思。如果你愿意，它们现在是并且已经是我们学习旅程的一部分，阐明了"打断"我们思考的现实元素。你也许想用这些"偶拾"来开启讨论，从而促进幼儿园的发展。

在每一章的结尾，我们通过一连串问题来引发你的思考。我们这么做并不是让你难堪，而是想让你在阅读时进行批判性思考。当我作为助理教务主任的休假结束后，我提出了一些类似的激发性问题。当这些问题是基于一本关于遭遇、对话、观察和政策言论方面的反思性杂志，而不是我们平时实践中所遇到的问题时，一个最有效的员工发展机会就出现了。每一个"偶拾"和思考题都将为你创造一种可能性。对我们而言，与可能性打交道是计划中有活力且有意义的组成部分，因为当你在计划时考虑了可能性，就会乐意、愿意和更有能力去"顺其自然"，质疑"我们习以为常的处事方式"。

关于这些激发性问题，你能做的是以"个人或集体的"方式对这些问题加以反思，你可以以第 4 章中的一个"偶拾"为例。正如"偶拾"所描述的那样，大多数孩子都对昆虫和小动物着迷。你可以为孩子创造自然而然发生的可能性，使他们在可探索的、丰富的环境中找到瓢虫。你没有必要每年 5 月都为班上的孩子们设定一个关于动物的微主题。计划在你的研究里，在你的预期里，在你为孩子们准备的资源里。追随孩子们的兴趣，当共享的学习发生时，要愿意对其做出解释和评价。

有很多次，当我已经预料到孩子可能会产生兴趣或图式的时候，我便收集资源，思考可能开展的活动，以及可能实施的延伸活动。同时，我自己也开展了一些研究，比如瓢虫的生命周期。然后，我发现孩子们自己的探究方向与我的预设完全不同。这值得庆祝和期待！反思和"预先准备"虽已发生，但它们没有被浪费。也许另一个孩子会对此感兴趣，而你已经有了更充分的准备。

本书的每一章都提供了可以引发你思考的观点。在第 1 章中，凯瑟琳（Catherine）认为，规划学习环境是指教育工作者为无限的可能性进行规划。物理环境、资源、情感环境、儿童的兴趣和组织都是学习环境的组成部分。有人认为，孩子们需要有更多的时间玩耍，追随自己的兴趣，他们是有能力的学习者。在安全的关系中茁壮成长，儿童将更有能力去探究有意义的问题，并获得开放性资源。作为一个限制性因素，"可决定性能力"（determinable ability）这一观点受到挑战。很多学者认为，教育工作者关于"无限可能性"的信念是至关重要的，因为有了这些信念，教师就会支持、促成和塑造儿童无限的学习。

在第 2 章中，薇姬（Vicky）介绍了家长参与的概念，将之视为所有早期教育课程、政策和实践中的一个关键方面。尽管许多教育工作者认为他们与家长之间有良好的关系，但这种关系通常是在操作层面上，而不是真正互惠、和谐的关系。互惠、和谐的关系需要家长为孩子的全面发展和学习进行充分的规划。这一章提供了一系列"偶拾"，从多个维度探索了与不同年龄孩子的家长打交道这一复杂问题。它从瑞吉欧·艾米莉亚和新西兰幼儿教育课程等更多的观点和方法中汲取灵感，为教师提供了许多与家长合作的策略，包括家访、给家长创造和孩子一起玩耍的机会、分享学习档案。这些策略有助于家长更充分地参与孩子的学习，帮助他们在孩子的生活中发挥作用，支持孩子在家庭环境中的学习。本章也向读者提出了一些思考题，读者既可以从教师个人的角度，也可以从教师团队的角度出发，思考教师该如何发展并加强自己与家长的关系。

在第 3 章中，莫伊拉（Moira）为帮助那些与最年幼的孩子打交道的人，探究了有关儿童的声音、倡议和参与的问题。本章以《联合国儿童权利公约》（United Nation Convention on the Rights of the Child, UNCRC, 1989）为催化剂，推动基于权利的教育学领域的发展。本章追溯了该领域的关键进展。在这样的语脉下，本章讨论了教育工作者的作用以及他们所面临的挑战。社会建构主义的观点认为，从出生起，儿童就是强大的社会性主体，并指出倾听他们的声音，听取他们的意见，让他们参与到社区中的可能性。一些亲历的"偶拾"都说明，对富有洞察力且善于接受新事物的教育工作者来说，每天的工作实践中都潜藏着让儿童参与的机会。本章最后回顾了倾听教学法的广泛益处，包括即时效益和长期效益，并确认了该方法的有效性已超越满足教育要求的范畴。

在第 4 章中，安妮和瓦尔（Annie & Val）阐述了，当人们考虑开展全纳性户外游戏时，他们就会在计划和提供设施、设备时表现出越来越强的机会意识。本章通过一系列"偶拾"来分析开展户外活动时可能要面对的挑战和障碍，其中有些挑战和障碍是真实存在的，有些则是我们自己强加的，目的是引导成人发展自信心和责任感。我们通过立法以及增进人们对户外游戏益处的理解，从而更好地推动全纳教育，帮助人们从现实的视角出发去看偶尔会令人困惑的环境。发人深思的对话有助于缓解教师的紧张和缺乏经验的问题。这表明，训练、提供支持并与更自信的同伴结对，可能会成功地缓解和克服人们的恐惧和担忧。包容且友好的空间，其本质是考虑建筑结构、多样化的环境、自然体验以及个人建构等多元因素之间的相互作用，这些都将对我们的户外游戏教学法产生冲击。而且，全纳性户外游戏的优势与人们推广这种游戏的意愿和愿望有一定的联系。

在第 5 章中，坎迪（Cyndy）阐述的是通过鼓励成人与儿童一起合作，使孩子们拥有比现在更多参与冒险性游戏的机会。作者旨在提升成人的信心，通过为孩子们提供更多的机会，让有意思的事情在游戏中发生。这样，成人就会认识到，当儿童必须自己考虑和管理风险时，这会给他们的发展带来巨大的好处。本章还特别论述了成人对风险、冒险、挑战以及能促进冒险性游戏的物理环境和材料的重新评价。最后，作者希望通过提供证据来促使成人相信儿童具有把握风险的能力，即如果环境中潜在的危险减少了，儿童就有能力自己管理风险。她还鼓励我们认真思考自己对冒险和游戏的态度。

在第 6 章中，维多利亚（Victoria）和莫伊拉用一种富有见解的方法探讨了让游戏作为具有可能性的空间，并对游戏在幼儿园中的地位，以及如何在制订计划时将游戏放在显著的位置以保护游戏在儿童的室内外经验建构中的特殊地位等问题进行讨论。作者认识到，目前有些影响因素可能会对教师为儿童提供游戏机会带来挑战，因而提出要以一种积极的视角看待游戏，以回应这种现状。社会建构主义认为，孩子在游戏中是强大的，他们是建构意义、生发想法和表达的主体。这一观点将游戏视为孩子表达想法的众多方式之一，认为在重视游戏并让游戏成为可能的教育情境中，教师有可能对游戏做出回应。来源于实践的"偶拾"也阐明了这一论点，证实了"对游戏者来说，所有的游戏都是有目的和有意义的"，并提议教师在共同建构的伙伴关系中对游戏进行适当、适时和及时的干预。

在第 7 章中，维多利亚探讨了评价的问题。作者将"评价"定义为持续地了解和理解儿童及其所拥有的独特的、个性化的学习方法的过程。本章介绍了一系列国际上和英国采用的整体性、观察性评价方法。在社会建构理论以及将儿童视为在评价过程中能发挥积极作用的、有能力的、自信的学习者的观念影响下，作者探讨了反馈和持续共享思维的作用。鉴于评价不能脱离学习发生的社会、情感和文化的背景，本章还探讨了评价儿童的健康，记录儿童在有意义的学习环境中与他人互动的重要性。在认识到实施评价工作的过程中会面临挑战的同时，我们也敦促教育工作者对开展评价的目的进行反思。这样，教师就会充分认识到，评价的过程能帮助我们增进对儿童及其家庭的理解，而自己的实践和工作程序就是评价的背景。当我们以这样的方式看待评价时，教师就会有根据地进行评价。在自己创设的丰富环境中，选择自己最能驾驭且真正有价值的评价方法，同时设法挑战那些被认为行不通的做法。

第 8 章向读者呈现了安妮和洛娜（Lorna）之间的对话。她们认为，在整个早期教育阶段，幼儿园的领导者和管理者面临着问题、挑战和两难选择。大多数问题都是在对领导者和管理者的访问时被提出来的，尽管是支持性的，但仍展现了早期教育中角色和背景的复杂性。我们采取对话的姿态，以示范合作共事的方法，对多年来与学生和员工一起进行的培训、指导、咨询和工作进行反思。与其他章节一样，本章的目的是在共同反思的基础上构建共同理解。我们认识到，动态的、新兴的文化背景之间的相互作用，即共同体的利益；经济和人口变化；每个儿童的需求，幼儿园的需求，地方和国家的战略性目标之间关系的平衡；新员工、现任员工和资深员工之间人际关系的平衡。真实的"偶拾"为团队和员工提供了有价值的讨论起点，也为他们的发展创造了机会。希望这些对话能为成人带来更多"肯定、欢迎、挑战、质疑、尝试、批判、不确定、倾听和协商"的可能性，因为领导者将开始为他们的工作带来变化。

目　　录

第 1 章　为儿童的无限可能性而规划 / 002
　　物理环境：无限可能性的背景 / 004
　　资源：展现无限的可能性 / 007
　　儿童的兴趣：追随无限的可能性 / 011
　　组织：创造无限的可能性 / 015
　　情感环境：感受无限的可能性 / 016
　　为了未来的无限可能性 / 018

第 2 章　与家长一起为可能性而规划 / 022
　　在这里，我们的家长已经参与 / 023
　　家长参与的益处 / 025
　　参与的可能性 / 030
　　与家长一起工作时可能面临的挑战 / 036
　　成功的关系带来无限的可能性 / 040

第 3 章　探究儿童声音的可能性 / 046
　　听取儿童的声音 / 048
　　确保儿童的声音被听到 / 053

从协商到参与 / 056

参与和发声文化的短期效益 / 059

参与和发声文化的长期效益 / 061

附言 / 062

第 4 章　为所有儿童开发户外活动的可能性 / 066

全纳性游戏 / 067

自然资源 / 069

在户外游戏 / 072

察觉到的障碍和挑战 / 075

男孩和女孩出去玩 / 079

多样化的需求 / 082

室内和室外 / 084

友好型的全纳空间 / 087

第 5 章　为冒险性游戏的可能性而规划 / 092

材料：固定的还是松散的 / 105

节奏、速度、高度和动机 / 109

改变和保持冒险性游戏的可能性 / 111

第 6 章　游戏作为可能性的空间 / 114

关于游戏的言论与现实 / 115

重视游戏 / 117

游戏与创造力 / 120

儿童的游戏所有权 / 122

成人的作用 / 124

成人在户外游戏中的作用 / 126

第 7 章　评价的可能性 / 130
观察性评价的价值 / 132
反思性实践的价值 / 133
尊重的参与性评价方法 / 136
评价作为一种改革经验 / 138
全人发展 / 139
让儿童有意义地参与评价 / 142

第 8 章　引领可能性 / 148

参考文献 / 171

开放的材料,无限的玩法(北京小花玩舍日托中心提供)

第1章　为儿童的无限可能性而规划

人们常常认为，规划是成人做的事情。通过规划，教师决定儿童学什么，什么时候学及如何学。从规划中，我们几乎能预见未来儿童将如何获得学习经验。教育规划要转化为教育实践，然后根据儿童是否达成学习目标对教育实践做出评价。在这样的教与学模式中，控制权和责任都落在了教师那一头，教育质量取决于他们对儿童的了解程度，以及他们设计活动能力的强弱。在这里，教师作为学习的引导者和知识的传播者肩负重任。他们可能会因为没有充分了解自己所带的每一个孩子（有的孩子有时一周只来幼儿园几小时）而感到内疚，也会为不能基于每个儿童的需求做出有差别的安排而不安。他们还会因为没有"足够"的时间陪伴每个孩子，因而未能将自己在制订计划时曾在头脑中闪现过的学习付诸实践，而深感内疚。尽管教师十分努力，他们的知识和技能十分丰富，但儿童的学习依然是有限的。在这种教学模式下，孩子是被动的，教师是疲惫不堪的。其实，我们可以有另外一种规划学习的方式，即对学习的可能性进行规划，而不是规划学习的结果，这就使规划变成了一种动态的过程。在这种模式下，教师的角色是儿童学习的促进者（追随而非引领）。为了更平衡地分配学习活动的控制权和责任，我们应该把这种控制权和责任更多地落在孩子身上。规划是由儿童这个"局内人"决定的，同时受到教师的支持和帮助。

第 1 章 为儿童的无限可能性而规划

本书就如何对可能性进行规划提出了一个明确的基本原则，就学习和幸福而言，这回应了教师、家长和所有的儿童。该原则倡导通过扎根现实世界、亲身实践、从实践经验中学习来消除对学习的限制。通过计划，以及为可能的路径、方向、兴趣和活动做准备，就可以在不缩小儿童学习范围或强迫儿童学习的情况下，让这些可能性发生。本章具体阐述了我们如何规划更多的可能性，从而产生无限的可能性：未知的和已知的可能性，无法预见或没有预见到的可能性，以及"适应未知"的可能性（Malaguzzi，1994：3）。我们可以为无限的可能性进行规划，这听上去似乎不合逻辑，但是我们的规划的确可以支持儿童去追随无尽的可能性，而且通过持续不断地提供物质上的准备（方便儿童随时取用），我们可以给他们创设蕴含着无限学习潜力的包容性环境。

学习环境为儿童的学习提供载体，因而规划学习背景是指我们如何为无尽的可能性制订计划。规划是复杂的、多方面的，因为它包括所有的组成部分和促成因素，它们顺利地结合在一起就创造了学习环境。在对每个方面进行规划时，如学习的物理环境（室内外一体）、资源、情感环境和组织，我们除了考虑单一因素外，还必须考虑这些因素之间的相互作用。因此，在经过精心设计的"安全"空间中，我们可以规划出无限的可能性，创设各种活动区域，提供随手可得的开放性资源，促进安全关系的建立，追随孩子们的兴趣，延长自由玩耍的时间。教师在这些方面发挥着至关重要的作用，他们不仅作为规划者为儿童提供活动所需要的各种物质材料，而且作为信仰者相信包含着无限可能性的环境会给儿童赋能，鼓励儿童在环境中进行探索。早期学习环境对儿童学习的影响是终身累积的（Fisher，2008）；赋能的、包容性的和无限制的环境会给孩子当前和未来的学习提供无限的可能性，从这个意义上说，环境在儿童的学习中发挥着重要的作用。怀特布雷德和巴西利奥（Whitebread & Basilio，2012：16）引用维果茨基（Vygotsky，1978）的观点，认为"高级心理过程与自我调节相关""目前快速吸引了相当多的注意力"。

物理环境：无限可能性的背景

> 环境是一种机制，教育工作者可以利用环境将儿童与各方面的知识结合在一起。
>
> （Bruce，2011：66）

物理环境在学习和儿童之间起着至关重要的中介作用，锚定并将两者连接起来，就像在两者之间充当翻译一样。正如很多学者指出的那样，在一个具体的经验和活动中，不同领域和学习的各个方面是整合在一起的。因为经验都存在于许多经历之中（Boud, Cohen, & Walker, 1993），这是一个日益复杂的图景。当将课程设置为学科领域或科目时，把物理环境布置成与学科相对应的区域似乎也是明智的。这可以被理解为解决课程的范围、平衡和使用机会的问题，也可以被理解为简化评价方式和员工结构。其实，这样的决定是基于某种假设的，即儿童的学习可以被类似地划分，某些活动或资源总会引发特定类型的学习；学习本质上是同质的、没有关联的，学习的结果是有限的。如果学习如此简单而有序，那么将其运用到现实世界时就会出现问题，比如，当我们停车或对为期一天的旅行进行计划时，这些事情本身没有向我们提供标签，告诉我们需要进行哪个领域的学习，也没有告诉我们分别要运用哪个领域的学习内容。相反，学习实际上是一个复杂而整体性的活动，这使我们能够同时建立不同的、相关的联系，也可以进行创造性思考。为了无限的可能性进行规划是非常重要的，因为物理环境能让学习的本质与童年的独特性真正地协调统一。

孩子们会很自然地融入活动，并将自己对事物的一系列理解运用到他们参与的每项活动中，例如，运用科学观察、艺术表达、数学空间意识和精细运动技能（及其他）来创作一幅绘画作品。因此，为了无限的可能性进行规划，我们应该把物理环境布置成活动区域，让儿童在每个空间中都可以进行所有类型的学习，由此将它们概念化为包含活动或资源的物理空间，而不是学习区域。当教师被管理者、领导者、家长或检查者要求改善孩子在单个学科或学习领域的经验和成绩，尤其是当这些要求将被逐一仔细检查时，对教师而言，要坚持这个原则将十分具有挑战性。但即使在这些压力下工作，教师仍然有为了活动区域而不是学习区域来规划环境的余地。这很简单，就像给物理环境中的空间或区域命名一样，在这些空间或区域中，细微的差异会向儿童和家长清晰地传达关于学习本质的信息。我们还可以推论，这样的技术可以出现在任何区域。我们应该鼓励而且也可以鼓励儿童记录自己的兴趣，如建构、创造模式和制作手工作品，同时让他们有更多机会获得与他们正在使用的材料和活动区域有关的活动信息，并进行细致的观察。图书区是存放书籍的地方，孩子们可以从那里取书或归还书，这里也可以发生广义上的学习。与阅读区不同，图书区是为阅读和学习而设的，它意味着阅读只发生在书籍中，而且只发生在班级里教师准备的特定地方（可能不包括教育环境之外的场所）。为无限的可能性进行规划，就是对每个物理环境的组成部分进行规划。这里的规划包括你对更多的资源进行研究，孩子们可以利用这些资源扩展活动，或者把各种不同的材料整合到活动中。我记得，有个孩子在度假时曾爬到风车里去，度假回来后，他就产生了做风车的兴趣。我们利用网络资源找到了许多制作风车的图片和制作过程的图解，其中还包括他度假时曾见到过的那种风车。我们把一部分图片存储起来，将另一部分图片打印出来并展示在建构区、数学区、制作区和阅读区。

在物理环境中，室内和室外是一体的，由一系列空间组成，包括可以让许多儿童在一起的空间、适合孩子独处的空间、有教师陪伴的空间和没有教师陪伴的空间（Gandini, 1993）。如果这些地方（提供熟悉的或新的体验）是舒适的、安全的、令人兴奋的，孩子们就愿意多次造访，它为儿童的交流、参与、想象和有意义的发展创造了无限的可能性。正如"偶拾：观察'数学桌'"所揭示的那样，与其说孩子是被学习的主题吸引而参与到数学学习中，倒不如说是孩子被资源和环境吸引。因而，重要的是要让孩子感到环境是可接近的，它在向孩子发出邀请。通过观察不断地为孩子提供活动所需要的材料，就会逐渐创设一系列不同的空间。室内外环境的多样化是关键，因为这两种空间提供了截然不同的体验，正如第4章所探讨的，两者不应该相互复制。在物理环境中，每个空间都应该是开放的、独特的，同时活动场景也应该是真实的。真实的场景自然地存在着潜力和可能性。这样的环境能支持有意义的活动，使学习有机地展开。怀特布雷德和巴西利奥（2012：20）引用了怀特布雷德早期所做的研究（2005，2007，2009）：

> 对幼儿园自然情境中的儿童进行观察性研究发现，他们大多投入到好玩的、自发的个体活动和小组合作活动。观察结果表明，在这种背景下，该年龄段的孩子出现大量的自我调节行为，包括监控和控制。在学前儿童身上观察到的监控行为包括自我评价，过程回顾和追踪，评价努力和困难程度，检查行为和发现错误，评价所使用的策略，评价行为表现，以及任务结束后进行即时评价等；而控制行为，包括基于先前的监控而改变策略、将之前学习过的策略应用到新的情境中、重复使用一个策略以检查结果的准确性、使用非语言的手势来支持认知活动，以及各类计划活动。

然而，对非常年幼的儿童而言，这些能力主要取决于环境。环境则依靠教师的专业技能和对可能性的规划，进而为孩子提供自我调节的机会。

第 1 章　为儿童的无限可能性而规划

偶拾：观察"数学桌"

一天上午，我以数学协调员的身份走访了幼儿园，对它们的数学教学进行了有计划的观察。我被带到靠近数学桌的一个座位上。数学桌上有一个架子，上面放着贴有标签的箩筐，箩筐里装有计算器、穿线珠、立方体、分类托盘、色彩鲜艳的小动物、数轴、用于比较大小的熊、塑料形状和尺子。幼儿在室内外忙碌着，几乎没有孩子走近数学桌。偶尔，有个孩子会拿起一只小动物，假装发出动物的声音，或拿起计算器假装打电话，一边环顾四周，一边懒洋洋地按下按钮，之后又把它放回到箩筐里，然后去玩别的活动。其中一位教师试图鼓励某个孩子或一组孩子去使用数学桌及数学桌上的资源，但没有孩子接受她的提议。20 分钟过去了，我没有看到儿童进行任何与数学有关的学习。

该区域被命名为数学学习区，似乎与"是否发生有关数学的学习"没有直接关系。在观察结束时，我与主班教师一起讨论了我的观察结果。主班教师向我描述了当发现孩子们不选择玩数学活动时自己的挫败感，并向我讨教如何让数学桌"活跃起来"。在我看来，问题不在于数学桌（尽管我建议他们用迷宫桌等来取代数学桌），而在于他们将学习划分为学科，然后创设了与学科对应的物理环境。那天早上，当孩子们在幼儿园里用书、沙子、面团、水、自行车、做标记的材料、积木、锯等材料玩耍时，多数儿童发起的数学活动就发生了。如果教师加以计划，这种学习就会被开发、扩展并成倍增加。相反，仅考虑课程的覆盖性和为所有领域的学习提供机会，就会导致教师误入限制儿童学习和体验的可能性的歧途。

资源：展现无限的可能性

儿童所做的任何事情，所制作的任何事物，都可以被视为他们对周围世界认识的一种表达。他们用所选的媒介把内在思想通过外在表征的方式呈现出来。

（Whinnett，2012：128）

儿童发起的游戏和学习

　　儿童需要资源和工具来表达他们的想法、理解和感受，表达对于自己和世界的解读（Bruner，1990）。他们理解的模式和形式，以及他们表征自己的理解的方式都有着无限的可能性。每个独特个体的表征均各有不同，且会不断地发展、变化。无止境地向儿童提供资源是不切实际的。因此，资源如同儿童的日常饮食，要持续地供给，有足够的开放性，以承载转化为无限表征物的可能性。反过来，限定资源的用法和可能性会限制儿童的思维，使他们的思维逐渐窄化。而且，这也会将许多具有横向思维和行动能力的儿童排除在活动之外。有些资源被设计成只有一种用途，这就限制了儿童产生象征性行为的可能性。因此，要鼓励儿童发挥想象力，使资源的用处超越成人的使用意图。在为无限的可能性进行规划时，我们不会问"这是什么"，而是问"它可以是什么，它可以用来做什么"。

　　在幼儿园中，资源的获得也许有偶然性，许多资源是承接的、捐赠的或由不同的管理者陆续购买的。"偶拾：托马斯和披风"提到了孩子们对资源的"贪心"。教室里的有些资源变得地位很高，成为"抢手货"（不安全感又使这种情况加剧）。对个别儿童来说，首先要把它拿到手，然后就是占有它。当这个资源被别的孩子拿走时，不可避免地，他接下来又会把它重新夺回来，如此循环下去。在这种情况下，教师为促进公平和资源共享而做出的有价值的努力，对孩子们抢先占有财物行为的阻止收效甚微，只能起到规范行为或改变这种循环的作用。这时，与占有资源相比，学习则变成了次要的事情。一旦占有这些资源，孩子们除了尽力保护自己的所有权外，就会无所事事。某一特定资源的地位缘何被抬高很难去追溯，有时是幼儿园的孩子们一届一届地口耳相传导致的。在为无限的可能性进行规划时，我们尽可能以最灵活、开放的方式选择资源、呈现资源，避免让同一个事物有许多种类或特殊的版本。有时，提供几件相同的披风或很普通的披风，可能比投放一堆不同款式服装的效果更好,因为有些衣服本身就具有某种限制性,孩子穿上后会被定格为具有某种身份的人。

偶拾:托马斯和披风

班级中有一两套最受欢迎的服装,每次游戏活动时,它们总是最先被选中。有些孩子甚至几乎每天都选同样的服装。教室里大约有10套服装,孩子们通常情况下每次最多使用4套。当孩子们穿上这些服装后,有些孩子会扮演角色,但更多的时候只是把这些服装当作道具(真实或想象的),孩子们穿着这些服装玩一些与所穿的服装无关的游戏。当被问及这个问题时,孩子们说,你可以从着装上猜出他们扮演的是什么人,通常是海盗、医生或公主,但他们似乎并没有扮演这个角色。我希望这些服装少一些限制,多一些开放性,鼓励孩子们多玩一些富有想象力的角色扮演。然而,我担心的是,如果把那些似乎很受欢迎的资源拿走,会不会对孩子们,尤其像托马斯这样的孩子,产生影响呢?

在每次游戏时间,托马斯(3岁)总是选一件黄、橙相间的消防员衣服,但从不停留在角色扮演区。他会穿上消防员的衣服去玩火车、积木或水。通过对托马斯的观察,我们发现他似乎并不是想要扮演某个角色而穿这件衣服,而是更喜欢穿上这件衣服给他带来的舒适感和安全感。如果拿不到那件衣服,他就会换一件别的夹克穿上。我想知道,他是否将穿这件消防员衣服当作每天首次接触幼儿园成人的方式呢?因为他会拿着衣服去找大人们帮他穿上。这似乎是他日常生活的一部分,是他从家过渡到幼儿园的一种方式。

考虑到这一点,我们觉得可以有所变化(将消防员衣服放在附近,以防万一)。那些只能让孩子扮演一种角色或人物的衣服被拿走了,取而代之的是在每个区域都投放六种不同颜色的披风,这些披风可以被当作裙子穿。孩子们用披风表示许多不同的角色,有些是已知的角色,也有许多是虚构的角色。角色扮演区变得更受孩子们欢迎了,有更多的孩子选择这个区域。它们并没

> 有使孩子们在玩耍时改变和改编角色的行为减少,也没有减少他们对特别喜爱物品的"贪心"。超人披风只能是超人披风,而一件红色披风却可以被用来扮演小红帽、超人、邮递员或其他新的角色,甚至是孩子们自己想出来的角色。有几件披风,就可以有不止一个超人。孩子们可以装扮成书中的人物,适宜的资源让我们很安全地这么做。扮演任何角色的可能性是一直存在的,但为让孩子看到并相信这种可能性而提供的支持却不一定总是存在。

在寻找丰富、开放且潜藏着无限可能性的资源时,你会发现大自然就是这类开放性资源的最大提供者。自然资源是形形色色的、独特的、可感知的、令人兴奋的、有趣的,也是灵活多变的。它们与其他资源相得益彰,为我们呈现无穷的问题和探究的线索。在规划能持续地提供各种必要活动材料的户外环境时,若想把更大的自然区域和资源也考虑进去,实践上可能会有一些限制性因素,如树、池塘和岩石。然而,我们可以欣然地接受现成的东西,记住"户外就在你的指尖,无论是阳台、后院、门廊还是操场。这些地方都有待探索"(Ward,2008:18)。收集到的自然材料(如浮木、树皮、鹅卵石、石块、树叶、板栗、松果、贝壳、树枝、沙子、泥土)可用于室内和室外,为孩子们的户外活动提供开放性资源。这些物品种类繁多,且具有多样的纹理,为孩子们提供了丰富的探索机会,而且这些材料在使用的过程中是可以定期补充的。

然而,教师在创建自己的资源库时会面临一些挑战。只有对这些资源进行审慎规划,我们才能确保其具有丰富的潜在可能性。布罗克等人(Brock et al.,2009)认为,在创设资源库的过程中,教师自己也会变得越来越有创造力。他们会更充分地考虑如何鹰架儿童的学习,批判性地思考活动的目的和可能性。在设计和创设的过程中,教师开始明白,对自己所教的不同的孩子而言,资源蕴含的可能性也是不同的。因此,以团队的方式创造资源可以为我们进行关于可能性的聚焦式专业对话奠定富有成效的基础。

儿童的兴趣：追随无限的可能性

有时，孩子们会对某些特定的事物特别着迷和感兴趣。他们需要时间和个人空间，在这样的条件下，他们才会进行深度学习。教师要帮助他们专注于自己的兴趣，通过审慎思考，在室内外的学习环境中为孩子们提供任何所需的材料，并发掘教育的可能性。

（Bruce，2012：159）

孩子们的兴趣是产生无限可能性的催化剂。在为无限的可能性进行规划时，我们将儿童视为有能力的学习者。为了追随儿童的兴趣进行规划，重要的是要在最宽泛的范畴内对这个观念进行概念化，即思考儿童认为什么是有趣的？我们所争论的儿童利益最大化，可能并没有充分地反映社会、消费者和某些家庭所认为的最重要的事情。同样重要的是，要警惕单纯地把关注儿童的兴趣作为激励学习的一种手段，从而帮助成人实现教育目标，而不是一起进行一次由孩子引领的旅程。伍兹（Woods，2016b）对此进行了更深入的探讨，她强调将社会文化的过渡性视角、中介学习、引导式参与、共同注意和持续共享思维视为实现这一互惠性旅程的关键。孩子们的兴趣通常是重叠的，也与更广泛的人类兴趣相关，因此可以对孩子们共同感兴趣的主题进行开发和探寻。

偶拾：套头衫

我们经常去附近的林地散步，通过感觉、嗅觉、听觉和触觉去记录季节的变化。有一个患有自闭症的孩子不愿意离开教室，但如果给他一个照相机，让他想看就看，想拍就拍，他就愿意加入我们步行队伍的末尾。他紧跟在资源教师[1]（keyworker）的后面，资源教师对他的需求和存在总是很敏感。回到教室后，我们让利亚姆将照相机里的照片上传到电脑里。在回忆时间，我们用这些照片分享了我们散步的经历。有意思的是，利亚姆所拍的照片全是资源教师身上穿的针织套头衫上的绳索图案。他无法解释这些照片到底有什么魅力，但这些特写镜头都很精美。看着大屏幕上的照片，利亚姆显得极其愉悦。我们在教工小组会上对这件事进行讨论后，计划有了新的转变。第二天，我们请利亚姆挑选他最喜欢的照片，让他用A3纸把这些照片打印出来并进行塑封后放到绘画与制作区。事实证明，这些照片很有激励性，引发孩子们讨论玛丽的套头衫以及套头衫上图案叫什么名字，还有谁也有像她这样的套头衫。此外，在接下来的几周里，孩子们还探索了我们给他们提供的各种不同图案和纹理的套头衫。因为这个新的计划，利亚姆受到高度重视，同伴们很关注他，愿意把自己的绘画、拓印和模型作品拿给他看。我们开始收集有织纹的针织盒和一些大号的编织针，孩子们应该会对此感兴趣的。

考虑每个孩子所处的环境、社会和文化背景（Bronfenbrenner，1979），有助于我们理解，儿童的兴趣总是存在于其经验范围之内。因此，重要的是拓展他们的经验，向他们提供广泛的机会，使他们在自己生活背景的范围内产生兴趣。作为孩子成长环境的一部分，家长非常了解孩子的兴趣，也清楚孩子的兴趣是如何发展起来的。教师在发起开放的、持续的对话中扮演着重要角色。在对话中，一幅关于儿童兴趣的图景和对儿童兴趣的共同理解就会慢慢展现。同时，这也有助于消弭阿西（Athey，2007：201）所提出的"家长和专业人员之间的鸿沟"。教师的观察和沟

---

[1] 指社会工作者、心理健康工作者或分配给某个病例、病人或儿童的护士，这里指的是为自闭症儿童专门配备的心理健康师或资源教师。——译者注

通是非常必要的,它有助于我们阐述和了解儿童的兴趣图景。同时,要谨慎地避免对信息的误读,因为这些信息经过成人的层层解读过滤后会发生偏差。例如,我们可能将儿童的兴趣解读为他们对"卡车和拖拉机"感兴趣,而实际的情况是他们对旋转和转弯感兴趣。

偶拾:克劳迪娅的水坑

在 15 分钟的时间里,我注意到克劳迪娅一直坐在教室里往窗外看。每次我朝她看时,发现她总是盯着窗外地面上的一个点。她把窗户开到最大,探出头往外看。打开的窗户将掉下来的雨水挡住了,这样她就不会被大雨淋湿。几个孩子也跟她一起朝同一个地方盯着看了几分钟,然后都离开了。然而,克劳迪娅仍然一动不动地坐在那里,似乎对其身后教室里正在进行的许多活动丝毫不在意。我走到克劳迪娅身边,和她一起尽可能地把身体探出窗外去看。顺着她的视线,我看到她正在注视路上的一个小水坑。有雨滴落进水坑里。过了一会儿,她注意到我就在她身边,便转过身来,犹豫了一下,朝我笑了笑,然后又把注意力转移到水坑上。"我在观察水坑里的形状,"她说,"我在算什么时候它们会碰在一起,你看见了吗?"

当雨滴落在水坑里时,克劳迪娅显然是在预测这些环形的涟漪会在何时何地相遇,也许是在研究它们中谁是赢家、谁是输家,也许是在观察涟漪形状的变化。注意在学习中是很重要的。通过观察,我们发现了什么是相同的,什么是不同的,发现水滴在水坑里随时间的变化,看水里的图案或变形的图案,根据这些新数据调整我们的理解。儿童的这些技能在数学、科学、历史和地理等许多学科领域的学习中得到发展,并被运用到许多现实生活中。注意一个小水坑并观察其形状的变化,这为学习重要的技能和概念提供了许多可能性。然而,对忙碌且身负压力的教师而言,这些都是可以忽略的。克劳迪娅可能会因为没有完成那些成人"计划好"的活动而被"训斥",她的行为也许会被认为是在做"白日梦"或在"浪费时间"。

在"偶拾:克劳迪娅的水坑"中,克劳迪娅想捕捉并表征自己观察到的东西,通过再创造,实现自己更充分地探索水坑的目的。她可能会通过采用颜料、粉彩画、黏土、拼贴画、视频、玩水游戏、交谈、实验、舞蹈或动作等方式（或随着时间的推移，可能采用其中的几种方式）来达成这个目的。给克劳迪娅足够的时间、空间和自由去追随自己的兴趣是很重要的（有时候也是有挑战性的），但这还远远不够，她还需要有工具和经验来帮助她实现探索的想法。这好比当可能性这匹野马即将自由驰骋时，她需要有一副马鞍、一块踏板和骑马的经验，看一看这匹野马将把她带向哪里。因此，没有合适的工具和相关的经验，儿童就无法在可能的学习大道上探索。

仔细思考对儿童而言什么是重要的和有趣的之后，支持他们朝着可能的学习之路前行，我们可以鼓励他们提出"值得问的问题"（Rich et al.，2006）。"大问题"具有挑战性，也很有趣，它们能促进创造性思维发展，鼓励儿童在事物之间建立联系。这些"大问题"也会涉及普遍性问题和对概念的理解。为了创造让孩子们敢于问"大问题"的环境，我们必须避免一些"小问题"。作为教师，问孩子们诸如"这本书叫什么名字"或"我们昨天做了什么"之类的问题是虚伪的。因为教师已经知道了答案，孩子们会觉得这些问题是假的（Fisher，2008）。这类问题的荒谬之处在于，即使是在最肤浅的层面上随便听听或猜猜提问者的提问意图，孩子们也能找到问题的答案。假问题对儿童没有价值，只会侮辱他们的智商，使其形成不良的听说能力，并助长儿童被动或依赖的学习习惯。许多所谓的问题，实际上根本不是问题，更多的是教导，或是被包装成问题的一些行为管理策略。为了支持孩子们发现和追随自己的兴趣，我们需要通过让其体验感兴趣的事情，帮助他们发展问"大问题"的能力。作为教师，我们应该向孩子们提那种连自己对答案都没有把握，或有许多答案的问题。或者，我们可以提那种不期望得到明确答案，有时甚至根本得不到答案的问题。探索这些问题要花费几小时、几天或几周的时间，而不是几秒钟，可能需要进行许多不同方式的沟通。如果让孩子成为有着无限可能性的主体，我们所做的就不仅仅是创造让孩子们可以提"大问题"的环境，更是一个他们一定会提"大问题"的环境。

组织：创造无限的可能性

组织是教育工作者进行规划的一个方面。通过提供时间、一致性和连续性，支持孩子和教师探索各种可能性，组织能构建出无限的可能性。在忙碌的幼儿园教室里留出大块的、不受干扰的、可以让儿童自由玩耍的时间，并延长教师与儿童一起游戏的时间是很难实现的。但重要的是，我们要把可能性转变为现实。在可自由走动的游戏时间，休息也是必要的（用于吃饭、小组分享和班会）。孩子可以在活动过程的中间选择一个点休息一下。小组分享时间是早期教育的重要特色，例如，利用小组分享时间给孩子们提供接触儿童文学的机会，或提供小组歌唱等方面的经验，为儿童开启学习的可能性。虽然我们不能也不应该避免这些休息时间，但我们可以通过改变管理孩子活动的方式来尊重他们的活动。例如，限定中断游戏的次数，确保每天的次数差不多；让孩子们做好离开活动的准备；确保活动可以重新进行（可以使用"工作正在进行中"或姓名标签）。同样重要的是，要认识到：在相同的环境中，有些孩子所需要的休息或中断的次数可能比其他孩子多得多。对一些孩子来说，特定的兴趣、支持或干预小组可能会使他们的时间表不够流畅。如果与在园时间相对长的孩子一样，要求在园时间相对短的孩子参加同等数量的、由成人发起的活动，那么这些孩子追随和探索自己想法和兴趣的时间就会相对减少。

环境的组织特征影响儿童会在多大程度上去探寻可能性，影响他们是否觉得这对周围的人很重要，以及他们在多大程度上相信自己的学习存在着无限的可能性。同时，儿童在人际关系方面需要有安全感。因此，幼儿园的组织既要为儿童提供稳定的人际关系，又要给儿童提供发展这些人际关系的时间。有些组织结构会对儿童的自尊产生负面影响，因为它向儿童和家庭传递有关成就和发展预期的信息，从而阻碍儿童形成自己是有能力的、成功的学习者的自我认知。这种组织架构包括分组、呈现学习档案和下放员工职责，所有这些都对情感环境有所影响。因而，组织结构也是我们需要考虑的一个重要因素。

情感环境：感受无限的可能性

在为无限的可能性进行规划时，我们需要消除可能的障碍，尤为重要的是，消除儿童、家长和教师坚信的可能障碍。显然，我们需要把每个孩子都视为有能力的学习者。然而，要真正做到这一点，我们需要表现出对所有儿童能做和喜欢做的事情的重视，包括他们的学习方式和学习发生的背景，就像利亚姆与套头衫的邂逅。重视儿童就是重视他们喜欢做的事、他们的兴趣、对他们而言很重要的人和活动。这些都是构成充满无限可能性的情感环境的基础。在情感环境中，支持学习的社会背景取决于环境的连续性，主要体现在幼儿园的师幼关系和同伴关系的连续性。一个有关环境的特别问题是：在一周中，孩子们可以参加不同的活动，还是只能参加个人和小组的常规活动？照片和视频可以很好地被用于支持这种情感——即便不在场，他们也属于这个环境。关系无法被规划，但是规划可以支持和促进关系的发展。定期地在一起，可以维持关系，并使关系不断发展和变化。

作为教师，孩子们对我们价值观的感知是情感环境的重要因素。我们会对哪些活动提出表扬和奖励，每次游戏活动时我们会在什么地方，这些都传递出教师的价值观。它们也在向家长、同事和儿童传达——在学习中，我们看重的是什么，觉得什么是重要的。但在失衡的地方（尽管是无意的），则有可能建立一种双层系统。在这个系统中，学习活动会或多或少地被认为是重要的。例如，当孩子正沉浸在自己选择的活动时，他却被带去参加另一个由成人主导的活动，这会给孩子传递一个明确的信息，即成人主导的活动是更重要的学习活动。当该活动显得地位更高，或从儿童的视角看是更"重要"的事情（如表演、制作贺卡或展示）时，这就会令人困惑。这种活动也可能会把那些没有能力或不愿意参加的儿童排除在外。如果所创设的环境由成人主导，或某些特定区域持续地被预先准备而凸显重要性，儿童就会失去信心，觉得自己没有能力追随自己的想法。类似地，支持无限可能性的情感环境所营造的氛围是将冒险当作很平常的事情，它是学习的一个重要方面，因而得到教师的积极推动。正如第5章所述，在学习中冒险的信心取决于自尊、包容感、归属感和安全感。因此，为无限的可能性进行规划时要设法在所有的学习环境中培养和提升儿童的这些感觉。

我们如果认为儿童的能力是固定的、有限的或受到限制的，就不可能真正地为无限的可能性进行规划。这样的观念表明，孩子的学习被预先设限（Swann et al., 2012），对某些孩子来说，这些限制可能更大。当我们对某些孩子的计划或预期较少时，他们的可能性就会减少。哈特等人（Hart et al., 2004）挑战了这种错误的观念。他们解释说，教育中一直有这种观念，之所以认为能力是一个固定值，是因为他们觉得可以用分数解释个体差异。但这种观念实际上是没有帮助的，而且有潜在的危害性。"高、中、低能力""平均"和"水平"（包括"期望水平"）等语言描述，限制了学习的可能性，这与为无限的可能性进行规划的理念相悖。这样一来，我们就接受了一个事实，即按照儿童目前的情况来规划会抑制他们的学习（并变成一个限制因素，影响其成为可能成为的人）。简而言之，我们需要为孩子们未来的发展潜能进行规划，而不是仅仅为当下的成就进行规划。

在支持儿童追随自己的想法、探索和发现方面，教师起着关键作用。他们从根本上帮助孩子看到周围的世界。作为教师，我们要做的是将期望带给孩子们的无限可能性具体化。如果我们相信任何事情都是有可能的，我们就要增强将这种可能性转变为现实的可能性。作为教师，这些观念来自我们自己关于儿童和学习本质的价值观和信念。如果我们把儿童视为能干的学习建构者，儿童就会成为"强大的伙伴"（Soler & Miller，2003）。从这个角度出发，我们可以创设有利的、支持性的和包容性的环境，创建孕育无限可能性的"温室"。

为了未来的无限可能性

为无限的可能性进行规划时，我们重视儿童和童年。在可能性丰富的环境里，我们给孩子们提供时间和空间，同时示范、鹰架和拥抱可能性。这样，我们就把孩子们"装备"好，让他们大胆地探索那些可能性。其结果是，孩子们不是单打独斗地做自己的项目，而是一起不受限制地在共同感兴趣的领域里探索，顺利地相互影响（有时是一起，有时是独自一人）。作为教师，通过观察一群孩子，我们就能看到其中蕴含的无限可能性，了解更多你所看不到的和还未形成的东西。我们可以提供这样的环境，在这种环境中有些可能性将会展开，但我们无从知晓它们是哪些可能性、在哪里、以什么样的方式呈现。这并不是说，为无限的可能性进行规划是对随机的、未知的结果进行规划。相反，规划的诞生是基于每个儿童的模式、兴趣和图式的，并受他们当前所处的文化（Athey，2012）、关系和环境所构成的情境性因素的影响。

为无限的可能性做好准备并使之实现，这既与教师的信仰和信念有关，也与实际情况有关。为确保给孩子们提供有助于产生可能性的环境，我们采取切实可行的措施，朝着使可能性转变为现实，从为有限的结果规划转向为为包容性的、无限的学习而规划的方向努力。当我们认为世界每时每刻都在变化时，我们就认可了无限的可能性，同时也简化了作为教育者要承担的任务，让我们从预先决定未来这种不可能完成的任务中解脱出来。在这一点上，我们要对这种能自然地显现学习成果的儿童自我调节游戏（self-regulatory play）充满信心，然后就可以为儿童真正的未来进行规划，并接受我们无法预知未来这个事实。

思 考 题

- 平时你的时间都用在哪里？你在室内和室外停留的时间一样长吗？你有没有在地板、桌子、垫子和豆袋等地方逗留片刻呢？如果你去攀爬、骑车或躺在地板上，你班里的孩子们会不会觉得有点奇怪呢？

- 你是否通过表扬孩子来表现出对活动的重视呢？相比进行建构活动的孩子，你是否会对进行书写活动的孩子表扬得更多一些呢？你是否会把那些你觉得画得很像某些东西的画挂出来，同时也展示那些画得有些抽象的画呢？你会要求孩子们通过马赛克方法（mosaic approach）来评价你所处环境的价值吗？

- 想一想你所带的孩子们，他们是否会将某些活动与某位特定的教师联系起来？如果所有的教师都要带幼儿园的所有活动，这是否会阻碍其按照自己的兴趣进行教学呢？

- 就何时、如何对儿童的游戏进行干预而言，你与同事的意见一致吗？什么时候可以打断游戏？可以因为请孩子们吃点心、让他们听成人读书、提醒他们上厕所或让他们加入另一组孩子的游戏等而打断孩子们当前的游戏吗？当你这样做的时候，你是如何努力确保孩子的选择是有价值的？当时间紧迫时，你是牺牲成人主导的活动，还是牺牲儿童选择的活动？

- 我们问孩子的每个问题都要有一个明确的答案吗？你问的问题在一分钟之内就能找到答案，还是需要一小时才能找到答案？谁应该更多地发问？是孩子还是教师？对孩子和成人来说，问"大问题"的好处是什么？

- 由于学习具有整体性特点，本章提出为活动而不是学习区域规划物理环境。如果以这种方式规划，并持续地提供活动所需的资源，那么你是否会觉得某些学习领域或科目可能被忽视呢？导致这种情况的原因是什么？如何解决这个问题？

- 每天查看你的计划中需要用到的资源，以及那些你准备让孩子们在活动中不断取用的活动材料。从这些资源中，你能看到多少种可能性或用法？你是否允许孩子们跨多个区域混合使用资源？教师有没有在孩子们的游戏过程中示范这种行为呢？

- 在规划时，你喜欢"掌控"的感觉吗？你是否觉得为允许孩子们自己（而不是你）做决定而做好准备是件很可怕的事情？在这方面，你成为敢于"冒险"的教师的可能性有多大？

- 通向无限可能性的主要障碍是什么？如何减少这些障碍？态度是不是其中的一个因素呢？

第2章　与家长一起为可能性而规划

因为涉及情感因素，早期教育中的关系是复杂的。其他职业很少像早期教育那样，从业者被迫且被期待向所服务的孩子及其家庭付出爱。早期教育需要你全身心地投入，用爱培育孩子。

本章，我们将探讨与家长交往的重要性。认识到这一点，你就有可能在为孩子们规划学习和发展的各种可能性时，让家长也充分地参与进来。我们如果让家长参与进来，就要使用一些策略去接近家长，这就要在思考如何兼顾家庭和幼儿园的同时，考虑如何把这种参与变成鼓励每个人都充分而和谐地参与规划的具体措施。通过大量引用新近的研究，我们将探讨家长参与规划对儿童、家庭和幼儿园的好处。我们还将探讨儿童在家庭中的学习，教师在评价、鼓励、支持儿童在家学习等方面的作用，以及教师如何运用包括家访在内的各种策略，积极地参与儿童在家的学习。

本章所提供的"偶拾"有关如何解决家长参与的问题，教师可以用这些"偶拾"进行自我反思。这些"偶拾"是以教育随笔形式呈现的，阐述了幼儿园成功地让家长参与为可能性进行规划的做法，以及我们可能采用的策略。此外，本章还讨论了教师长期与家长维持关系的好处，以及这对孩子、家长、幼儿园和社区的影响。在本章中，"家长"一词是指承担养育孩子这一角色的人，包括国家抚养机构中照护孩子的工作人员。

在这里，我们的家长已经参与

以下"偶拾"反映了幼儿园的一个普遍假设，即向家长提供一份计划就表示我们"允许他们"或"邀请他们"为孩子们的学习做贡献。在考察幼儿园如何与家长一起合作时，不妨参照"家长作为早期教育的伙伴"（Parents as Partners in Early Learning，PPEL）项目（DCSF[1]，2008）中的分类来了解如何建立充分的伙伴关系，幼儿园可能会经历的旅程，也可以将之用于对实践的三角互证（Wheeler & Connor，2006）。

偶拾：计划就在墙上

一名地方当局的早期教育顾问在一家幼儿园开展自我反思式访问（self-reflection visit），评价该园为儿童的学习所做的预先准备情况，以确定其优势领域和有待改进的地方，进而促进该园的发展。正是在这次访问中，这位顾问询问了该园是如何与家长合作的，还特别问及家长如何在孩子的学习中发挥作用并做出贡献。该园的管理者回答说，在他们给家长看的布告栏上有详细的计划，上面有孩子们即将进行的活动。在这里，环境的质量和从业者的素质都很好，但在他们的教育准备中缺失了一个关键要素——家长。

PPEL 模式（DCSF，2008）从**"沟通"**开始，在上述"偶拾"中，幼儿园告诉家长他们每天会跟孩子们一起做些什么，此时，该园与家长的关系就处在"沟通"水平。在这个水平上，家长的态度可能会发生改变，因为他们了解自己的孩子在幼儿园将要做什么。家长每天都会阅读幼儿园的布告栏，并表现出对幼儿园计划的兴趣。接着，这个模式要求

---

[1] 英国儿童、学校与家庭部（Department for Children, School and Families）的英文缩写。——译者注

教师与家长接触，例如，当家长在看布告栏的计划时，教师可以走过去向家长进一步解释，问家长一些问题（如孩子目前在家里喜欢什么），并把这些信息用于制订幼儿园的活动计划。这一行动就会把关系从"沟通"推进到下一个水平——"**融入**"。一旦达到融入水平，教师和家长的行为就会发生变化。在这个阶段，家长将感到自己有能力成为孩子学习的一部分，而教师也开始以一种新的视角来看待家长，将其视为儿童学习之旅中的伙伴。此时，教师需要与家长建立对话关系，并继续维持关系，从而达到让家长参与儿童照护和在园学习的目的。这里的"**参与**"被视为 PPEL 模式的最终水平。即使已经达到这一水平，我们也不要满足，因为维持这种关系需要尊重、包容、极大的努力，也需要长期的付出。即使家长和幼儿园在时间上都有各种压力，但是维持这种关系需要时间，还需要在新的项目活动上投入精力，以防倒退回"融入"水平，而不是完全互惠地参与。这需要幼儿园上上下下都付出努力，领导者和管理者要支持教职员工与家长建立这些关系（参见第 8 章）。

考察自己所在的幼儿园与家长的关系处于 PPEL 模式的哪一级水平时，我们应该诚实地看待真实地发生在幼儿园中的事情。也许存在这种情况，即我们与不同的家长打交道的水平不同。这取决于我们以什么样的关系与每位家长相处更舒服，也取决于我们了解每位家长的时间有多久。然后，我们还要考虑自己是否具有充分的包容性，以及从沟通到融入再到持续参与这几个水平的不断发展中是否存在障碍。领导者和管理者需要对教师进行观察，以此作为对话的起点，与教职员工开展关于"关系"的对话。肯特（Kent, in Woods, 2016：92）描述了一家幼儿园的包容性做法：

> 我们做法的核心是，我们非常关注成人和孩子之间"舞蹈的交互

性"[1]（Brazelton et al.，1974），这种偶然的回应行为（Gerhardt，2004）得以形成，并被嵌入到我们幼儿园所有的工作和活动之中。从管理者的视角看，交互性的核心地位体现在团队成员、伙伴、家长之间，以及他们在幼儿园的早期发展阶段与儿童的"对话"之中。教学负责人对可能性抱有一种期待，并以开放的心态对待可能性，这说明该幼儿园是建立在一种高质量的人际关系的基础上的，承认相互沟通的重要性，支持、管理并不断调整以符合这些期待。

鉴于此，该幼儿园在成立之初就意在成为支持家长参与的场所。支持家长成为孩子游戏的观察者，鼓励他们观察孩子在幼儿园是如何与环境进行互动的。在为儿童的学习和发展进行规划时，家长将受到邀请一起参加。我们信奉的观点是，"孩子把玩周围环境中能找到的事物，尤其是与熟悉的、爱他们的人一起玩，才能学得最好"（DfES[2]，2003：150）。从如何给孩子做抚触，到跟他们玩启发式游戏（heuristic play），教师都逐一向家长进行示范。同时，还鼓励家长解读自己的孩子，听从孩子的指引，根据孩子的响应水平调整自己的语言，用眼神和语调做出回应。具有限制性和交互性的语言如同一个透镜，让我们透过这些语言对幼儿园的所有活动进行计划、实施和反思。

家长参与的益处

一直以来，家长参与孩子学习的好处得到了很多研究者的认可（Desforges & Abouchaar，2003；Goldman，2005；Whalley，2007；Allen，2011）。这些好处可以从儿童的发展上体现出来。家长参与不仅有利于

---

[1] 这里的交互性是指教师根据儿童的行为做出回应，教师的回应又激起儿童对教师的反应，如此循环。——译者注
[2] 英国教育和技能部（Department for Education and Skills）的英文缩写。——译者注

儿童认知的发展，而且有利于儿童短期和长期的全面而完整的发展。怀特布雷德和巴西利奥（2012：28）总结道："例如，最近的研究表明，家长与婴儿互动的敏感性和回应性可能对促进婴儿实现自我调节所需的心理系统的发展有重要作用。"这与蒂泽德和休斯以及特里瓦森（Tizard，Hughes，& Trevarthen）的研究结果非常接近。家长和家庭、教师和幼儿园作为一个整体，都将从有效的家长参与中获益。惠勒和康纳（Wheeler & Connor，2006）将这种三方关系比作一个三角形，所有组成部分对三角形牢固的贡献是相等的。但是，他们认为，这三个要素中的一个要素如果受到威胁，就会对另外两个要素产生负面影响。这种威胁可能以多种形式出现。对家长来说，这种威胁可能缘于自己要离开孩子而产生的焦虑，对孩子的发展、成绩和学习结果的焦虑，也有可能是对工作和财务状况的担忧。对教师来说，这种威胁可能是因为幼儿园没有采用有效的监管去支持教师的工作。对孩子来说，威胁可能来自与家长分离的压力。

在讨论需要家长参与的原因时，斯帕贾里（Spaggiari）解释说，这来自"家长对自身成长、孩子成长和有意义经验的渴望，以及对因'施与受'而获得的充实感和帮助的渴望"（cited in Gandini，1998a：106）。这让我们清楚地认识到，让家长参与规划儿童的学习可能性，不仅是在为儿童的发展增值，也是在为家长的发展增值。家长作为儿童家庭背景中的一部分，我们在为他们投资时，其实也在为作为个体的人投资。这是一个需要考虑的重要因素，也许是一个我们还没有意识到的因素，但通过让家长参与，我们正在对整个家庭产生影响，从而促使布朗芬布伦纳生态系统中的要素有活力地相互作用。

促进个人成长和给家长赋权的观念是非常重要的。有人发现，充分地吸纳家长和家庭参与决策，识别自己的需求，而不是"给"家庭提供东西或"为"家庭做事情，这样的幼儿园在家园合作上是最有效的，因为他们改变的是作为动因的家长（Sheridan et al.，2004）。斯旺森等人（Swanson et al.，2011）发现，如果教师支持家长的自我效能感，家长就更有能力在日常生活中为孩子提供自然的学习体验。这个结论也得到了史密斯等人（Smith et al.，2009）研究的支持。他们发现，高质量的幼儿园中的2岁孩子，其家长的养育技能和亲子关系会随着孩子入园时间的增长而得到改善，他们将越来越有能力提供富有刺激的家庭学习环境。

为了让孩子们更有效地学习，就要让他们在情感上感到安全，而这种安全感来自他们周围的成人和环境。在幼儿园中，孩子们需要有时间和空间与教师形成强烈的依恋感。如果孩子在幼儿园中看到自己的家长与幼儿园的工作人员，尤其是与他们的关键人[1]（key person）形成积极的、相互尊重的关系，他们就会以更快的速度与教师形成依恋感。在这里，关键人的作用是确保孩子感到自己受到重视，他们是家长可以与之交流孩子情况的对象（Elfer et al.，2012）。他们之间可以分享各种与孩子有关的事情，从孩子前一天晚上睡得怎么样，到第二天早上在去幼儿园的路上孩子问"鸟为什么会长翅膀"。除了这种交流外，还需要考虑到情绪，"关键人的工作应该有助于孩子管理各种情绪"（Elfer et al.，2012：35）。处理情感关系是件很复杂的事情，只有非常有能力的教师才能胜任。来自实践中的"偶拾"向我们呈现了幼儿园在日常工作中面临的这些挑战。

---

[1] 根据英国《早期教育纲要》（Early Years Foundation Stage，EYFS）的规定，为幼儿园中的每个孩子分配一个关键人。关键人是工作人员中与儿童接触最多的指定人员，他们与孩子和家长建立关系；帮助孩子熟悉班级的规定；满足孩子的个人需要和照护需求，例如，穿衣、如厕等；敏感地回应孩子的情感、想法、行为；也是与家长直接联系的人。——译者注

儿童发起的游戏和学习

偶拾：我们要告诉妈妈吗

早教顾问走进一间婴儿室时，看到三名工作人员都在看萨马尔抓桌子。萨马尔想玩玩具火车，但他坐在椅子上离玩具有点远，够不着玩具。于是，他伸出手试着抓了几次，然后朝他的关键人凯茜看了看，凯茜面带微笑，以鼓励的口吻说："继续，你能拿到的！"他停顿了片刻，看了看，然后离开支撑他安全站立的桌子，第一次摇摇晃晃地朝椅子走去。他抓住椅子，然后抓到了火车，再次朝凯茜看了看。凯茜和其他两位工作人员都向他鼓掌叫好。萨马尔笑了，他显然为自己的成就而自豪。凯茜看着其他人说："别告诉他的妈妈，她会不安的，这是他第一次独自走到这里。"顾问质疑凯茜的这个决定。然而，这显然是一个复杂的情况，因为员工们为自己应该做什么而困惑，所以有人想把萨马尔在行走上取得的进步隐瞒下来。

这是许多教师会面临的情况，从来没有一个简单的解决方案，但我们不能忽视儿童，也不能忽视他所取得的进步。凯茜和两个同事从中体验到了许多种情感。首先是骄傲和快乐，这种情感很快被内疚和焦虑取代。如果告诉萨马尔的妈妈，她们担心她会嫉妒，或许感到懊悔和内疚。但如果不告诉，她们又会因为既背叛了萨马尔又背叛了他的妈妈而感到不安。只有通过与家长开诚布公地对话，我们才能解决这些复杂的问题，找到合作共事的方式，为孩子的发展和学习提供适宜的支持。在这个"偶拾"中，我们可以庆祝萨马尔学会走路，同时也要谨慎地与他的妈妈分享这个新闻，因为我们可能还要迅速地将另一起萨马尔咬人事件"告诉妈妈"。

第 2 章　与家长一起为可能性而规划

偶拾：与员工一起

与参与儿童中心早期教育实施项目的工作人员进行回顾性讨论，有关"如何引导家长支持孩子的学习"方面的思路开始形成。我们在思考和计划时，必须将家长参与当作一种有意的行为。一位幼教专业人员反问道："家长真的对孩子的学习感兴趣吗？还是仅仅把中心视为一个安全的游戏场所？"我们回忆了自己是如何意识到，一旦孩子的年龄过了婴儿期，家长有时会觉得自己的能力很差，有一种"等待"孩子开始接受正规教育的感觉。很多家长表示，自己的孩子在家很"无聊"，正"准备"上托儿所。我们认识到，"在儿童主导的活动与成人主导或指导的活动之间取得平衡，这需要教师不断地做出判断"（EYFS，DfE，2014）。我们思考，为什么包含被精心规划过的区域和经过慎重思考的社交机会的环境是一个积极的场所，以及我们应该如何温和地引导家长，即通过"分享我们的观察，提供请家长思考的小提示，把信息公布在展示板上，从而表现出（我们教育实践的）一致性"，使他们更深入地参与儿童的学习。我们中心的立场是鼓励家长允许孩子进行探索。在小组宣传中，强调孩子们可能会把环境弄得一团糟，但这没有关系！"我们还试图打破家长关于什么是休息时间，什么是游戏时间的固有观念。家长坐着喝茶的同时，孩子在做自己喜欢的事情，这并不是参与孩子的学习。我们依然希望环境是热情的、无偏见的，要在干涉和参与之间取得平衡。我们想要展示给家长的是，观察孩子的游戏是件很好的事情。"这种观念显然是通过我们的启发式游戏发展起来的，允许孩子们探索自己感兴趣的材料，鼓励家长不要指导孩子的游戏而是观察孩子，让游戏在没有成人引导的情况下开展，并自然而然地结束。

教师们回忆道："家长们让我们再做一次！他们更加开放地看待孩子的学习，并讨论自己将如何适应孩子的兴趣，参与孩子的学习。"

（Kent，in Woods，2016a：94-5）

重要的是，我们也要考虑由国家照护的儿童，其中包括寄养的儿童，以及国家正在以收养的形式帮他们寻找新家长的儿童。当我们考虑这些儿童时，我们要与儿童身边的团队合作，一起为儿童的发展与学习进行规划，这一点是非常重要的。这些孩子的生活往往是动荡不安的，幼儿园可能是其生活中唯一稳定的地方，因此他们与关键人的关系就变得非常重要。这里的关键人可以确保其他人了解目前孩子对什么东西感兴趣；对他们而言，目前什么东西是重要的；他们进行过哪些方面的探索。通过分享这类信息，同时寻求与其他专业人员的对话，我们就可以支持儿童的想法，并确保其学习的连续性和不断进步。

《艾伦早期干预评论》(The Allen Review of Early Intervention, Allen, 2011: xvii)指出，有必要让家长参与早期干预项目，这些项目是支持我们未来几代人的"社会情感基石"。艾伦认为，这种支持早在孩子上学之前就开始了。了解子宫里孩子的需求，我们就能在生活中给孩子提供最好的支持。而且，这种支持应该在整个童年时期一直持续。

参与的可能性

在家里的学习对儿童的发展也极其重要。西尔瓦等人（Sylva et al., 2004）指出，家长对孩子做了什么，比家长是谁更重要[1]。这是西尔瓦等人（2004）的重要发现，也是帮助我们理解如何与家长合作的关键点。它告诉我们，家长的行为和家庭为孩子所做的准备对孩子认知发展的影响要大于家长的社会经济地位和教育水平。西尔瓦等人（2004）的研究还发现，孩子在家里可以获得多种促进认识发展的经验，如分享故事、韵律、诗歌和歌曲，玩字母游戏，烹饪。另外，带孩子外出参观，定期让他们与其他孩子一起玩耍，也有助于认知发展。幼儿园可以采用多种方式改善亲子活动要素，我们将在本章的后面部分进行探讨。

许多早期教育课程中都深深地植入了家长参与的理念。新西兰幼儿教育课程（1996）提出四个指导原则，其中之一是家庭和社区。受布朗

---

[1] 指家长的社会地位。——译者注

第 2 章　与家长一起为可能性而规划

芬布伦纳生态系统理论（Bronfenbrenner，1979）的影响，微观系统中的家庭与幼儿园之间的相互作用，可以在"家庭和社区"的指导原则中得以体现。关注幼儿园如何以互惠的方式与家庭打交道，考察我们与孩子、家长相处的过程中怎样发展和维持家园之间的互惠关系，就能让我们从这种工作方式中受益良多。这种关系始于家访（早在孩子进入幼儿园之前），当我们定期提供正式的和非正式的交流机会，跟家长谈论孩子的兴趣、当前探究的线索、照护的需求、整体发展和学习需求等问题时，这种关系就得到了维持。

人们通常认为，家访太耗时、太冒险，也不太受家长欢迎。然而，家访可以被视为教师与家长建立平衡、互惠的关系的第一步。家访应该有一个明确的重点，这个重点可以在家访前由幼儿园和家长一起决定。通过电话与家长交流关于家访的事宜，不应只涉及与家访有关的实际事务，也应该向家长表达你作为教师希望达到的家访目的：了解孩子和家长在家里时喜欢一起做的事情；收集与孩子、家庭有关的信息；创造机会，与家长聊聊他们希望自己和孩子在幼儿园的收获；最后，家访要确保孩子顺利地从家庭过渡到幼儿园。在家访时，很重要的一点是，你要让家长感觉到自己被倾听了，觉得你将他们视为了解孩子的专家。另外，还有一些简单的策略，比如带上照相机，拍摄孩子与家人在一起的照片，并将这张照片与其他孩子的家庭合照一起贴在入口大厅的欢迎板上。这样就能营造出"这个地方属于我和我的孩子；我们是受欢迎的；我们是这里的一部分"的精神氛围。你如果在家访时记住了孩子喜欢做什么，那么在开学第一天就让孩子做这件事情。这向家长传达了一个信息，即你很认真地倾听家长跟你分享的事情，并做出了回应。如此，家长未来与你分享更多信息的可能性就会增加，从而朝着今后共同为孩子进行规划迈出了第一步。

在新西兰幼儿教育课程中，用学习故事记录儿童的学习（Carr，2001）展示了家长、儿童和教师之间的三角关系，他们在一起积极地讨论学习（Cowie & Carr，2009）。许多幼儿园开发了精彩的学习之旅，使其成为促使家长融入儿童学习的"催化剂"。应该鼓励家长在方便的时候陪伴孩子，通过多种方式在持续的基础上做出贡献，同时感受与孩子、教师共同拥有的一切。

在瑞吉欧·艾米莉亚教育方案中，家长参与记录档案有助于我们了解家长参与儿童学习的可能性。在瑞吉欧·艾米莉亚方法中，教师以一种反思的方式与家长共享教学文档。它可以作为一个镜头，透过这个镜头，家长将对自己的孩子有更深入的理解。这种更深层次的理解使家长变得更富有理解力，也更自信。这样，他们不仅会在家里为孩子提供更多的学习机会，还会为孩子在幼儿园中的学习做出贡献。在讨论瑞吉欧·艾米莉亚教育机构中的协商式学习时，福曼和法伊夫（Forman & Fyfe）告诉我们："家长的观察与教师的观察相结合，有助于他们更深刻地理解孩子的想法、情感和倾向。"（1998：252）

这个观点在伍兹（2016b：20）的研究中得到了呼应。在一座封闭式的大花园里，家长们参加了一个由家长和不足5岁儿童组成的户外小组。他们被问道："为什么要加入小组？""你认为你的孩子最喜欢什么？你是怎么知道的？"他们的回答如下：

- 我希望女儿了解大自然，让她知道，有时脏乱会让我们很开心。
- 让我的孩子在户外玩耍，培养他们的创造力和对户外的热爱之情……我们经常在家里从事这些活动（收获、种植、浇水、修剪"草地先生"的头发）。
- 可以和其他孩子一起玩脏兮兮的游戏，因为儿子在家里跟我们讲起过。
- （第二次回应）是的，我们把自己做的东西放在家里，然后告诉其他家庭成员我们做了什么。
- 以一种结构化的方式与我的女儿一起享受户外活动，这有助于她

学习和发展，她也喜欢把自己做的东西带回家给爸爸看。
- *了解更多适合 20 个月大的双胞胎在家可以继续进行的活动。*
- *是的，P 喜欢跟爸爸讲带有泥巴的靴子的故事，尤其是拖拉机绘画[1]。*

在这里，家长们希望重温儿时的记忆，享受户外游戏的乐趣，分享和重新学习园艺，有些人还希望与孩子们一起培养新的技能。我观看了他们参与的编故事、棒针编织和绕线，给种子和幼苗浇水，收获各种豆子等活动，也见证了这些家长与孩子一样非常享受这段时光，尽管他们没有像那些频繁穿梭于水桶和泥巴厨房的小家伙那样把自己弄得又湿又脏。

如果幼儿园的教师与家长一起对此有更深入的理解，那么不仅家里的学习环境会大有改善，幼儿园也可以为孩子打造个性化的学习环境。"偶拾：乔治问了一个问题"展现了如何通过对话与家长共同计划从而提升孩子的经验。"偶拾"中的乔治是一个 4 岁的孩子，在一家幼儿园上的是全天班。这家幼儿园正在运行目标儿童计划系统。该系统要求在每周的计划会上，由关键人说说某个孩子的情况，让孩子的爸爸也参加这个会议。在这个"偶拾"中，他们实践了许多可能性，如果没有家长的支持和参与，许多计划的体验活动就根本不可能实现。

---

[1] 指儿童用拖拉机玩具蘸着泥巴在纸上滑动出现的泥巴轨迹。——译者注

儿童发起的游戏和学习

偶拾：乔治问了一个问题

乔治对用绳子和羊毛把各种各样的东西连接在一起充满兴趣。他把桌子和门把手连在一起做成了一张巨大的网。最后，我们不得不在这张网中剪出一个口子才能进出教室。他还把所有的自行车侧放，把轮子转动起来，然后盯着旋转的轮子看。他的确玩得很开心，但如果其他孩子也想骑车就会出现问题。

本周，他问了许多关于旋转的问题：

"为什么水会转啊转，然后往下……它去哪里了？"在水龙头下洗手时，他在探索水的最终流向。

"为什么那辆汽车上的轮子都在转啊转，而这些车子上的轮子却扭转了呢？"他在观察汽车上的轮子，观察车停好后它的轮子会朝什么方向偏转。

"为什么旋转木马转了一圈之后停在原来的地方不动，它不像飞盘那样既会转圈又会向前移动……车轮也是一边转动，一边朝前移动。为什么旋转木马只停在原地不会移动呢？"他在公园里推着旋转木马。

教师提出了一个详细的下周行动计划，以支持他的旋转图式和连接图式。这个计划包括让他的爸爸（管道工）到班上来把水槽里的污水管移开，这样他就可以看到水流过塞孔进入水桶的过程。

他的爸爸很高兴地来到幼儿园。他把水管移开，乔治和其他孩子看到水喷涌而出的样子真是高兴极了。观察之后，这又引发乔治提出了更多的问题。例如，如果把水管接上，水通常流到哪里去？为了帮助乔治解答这个问题，爸爸带着他沿着所有窨井盖和排水系统穿过花园转到路上，最终驱车前往当地污水处理厂去看污水最终到达的地方。爸爸还带着他和他的关键人一起到当地的一家汽车修理厂观看工人换轮胎。这给乔治提供了机会去认识轮子中的固定部分和可移动部分。

让家长、教师与儿童在一起，是使儿童在家里和幼儿园中建构支持性经验的一个重要策略。这正如"偶拾：乔治问了一个问题"所展现的那样，关键人、爸爸和乔治一起参观汽车修理厂，只需要很少的创造力和时间，就可以通过许多方式实现。这样做的好处有很多，非常值得我们为之投入时间和精力,因为它维持了对话关系,提供了教师与孩子、家长在更深层次上交谈的机会,以及一起观察和做计划的机会。

家访通常只发生在孩子向幼儿园生活过渡的时候,但有些幼儿园非常成功地将家访延续了下来,在儿童的整个就读期间均进行家访。教师可能在关键时间点进行家访,例如,在同一家幼儿园里,孩子从一个班级转到另一个新的班级。家访可以有一个访问的焦点,例如,教师带上一个可以用于故事分享的故事袋,向家长示范如何使用它。家访结束后,教师可以把故事袋留下来,让孩子和家人继续分享故事。利用幼儿园放学后孩子留下来游戏的那段时间,或是早上孩子到来时与家长交流,是另一个可以与孩子及其家人在一起的策略。如果计划在每天开始和结束的时段进行交流,为了使交流活动成功进行,教师要提前告知家长,进而让他们安排好下班的时间。我们在幼儿园教室观察到了一个开启沟通的有效方法。

偶拾:来参加聚会吧

在国家最贫困的一个区域,学前班的孩子们很兴奋,因为他们将要举行一个聚会,欢迎"回家的泰迪熊"到班上来。这一次,几乎每个孩子都参加这个活动,他们为两点半时家人的到来做准备。他们给父母、祖父母以及其他重要的成人和弟弟妹妹都写了请柬,还把请柬带回家。他们做了三明治,切了蔬菜和水果,甚至为弟弟妹妹们准备了糖果袋。家长开始陆续到达,孩子们迅速地请他们参加事先计划好的活动和游戏。由于这些孩子中没有一个人曾参加过聚会,因此学校从周围的社区中招募了一些辅助人员来充当客人。教师精心策划了整个活动,并感受到了孩子们的热情,但活动的重点显然是吸引家长们的光临,给孩子们争取时间,向家长汇报自己正在做的事情。

在上面的"偶拾"中,学校首先给家长发了感谢信,接着又向家长发出每个星期五下午来喝茶的邀请,目的是庆祝本周所完成的事情。教师和班上的辅助人员要保证每周五来参加活动的每位家长都受到欢迎，并有机会与他们交谈。有些家长每周来一次，这显然对孩子的出勤率和家长参与孩子的学习产生了积极影响，因为他们会在家里继续让孩子开展学习项目或把幼儿园的一些资源借到家里来使用。

在本章最后，思考题将鼓励你思考，如何为家长和教师创造与孩子们相处的常规性机会。

与家长一起工作时可能面临的挑战

为人父母是一件很难的事情，只有你当了父母才会真正理解亲子关系的复杂性，了解父母每天所面临的挑战。为了与教师建立良好的关系，父母会在教师身上寻找某种品质和有态度的行为（Wheeler & Connor, 2006）。这包括：耐心、承认家长身负重担、在场而不做评判、认真倾听、为他们指引方向、给他们带来希望。许多教师天生就具备这些素质，但有些素质，如指引性，则只能通过知识和经验的积累来获得。

让教师接受与家长合作共事方面的培训是非常重要的，而且幼儿园必须提供有关教师如何与家长建立伙伴关系的详尽方针和指导。许多各级各类培训方案仅简单地涉及教师如何与家长打交道、什么时候该做什么等表面要素，如家长参与策略，而不是惠勒和康纳（2006）要求我们必须具备的要素，如倾听和给予希望。其中，领导者和管理者在指导和训练教师提高与家长合作的技能方面发挥着重要作用。

许多幼儿教师在试图邀请家长参与孩子的学习时，会面临文化多元性障碍以及因孩子来自许多不同文化和使用不同语言的家庭所带来的挑战。我们工作的社区就像一块拥有非常丰富的语言和文化的"织锦"，但是这些因素也可能变成阻碍我们邀请家长参与的障碍。当与不会说英语的家长合作时，我们需要换个角度去思考这个问题，因为语言障碍也许会给我们带来多样性。"偶拾：隆冬节"就反映了幼儿园对于多样性的探索，向我们展现了幼儿园如何用创造、创新的方法把社区的所有人聚集起来。

偶拾：隆冬节

在某个大城镇贫困区的一家幼儿园里正在庆祝隆冬节。这里的许多家庭都不过圣诞节，于是他们决定今年过隆冬节，而不是像以前那样搞个圣诞派对。所有的家庭都被邀请，大家带来各自文化中有代表性的食物一起分享。一进入教室，你就能闻到来自不同文化的食物的美妙香味。你会听到家长们与教师坐在大桌子旁聊天，分享经验。孩子们在一起玩，跑啊，笑啊，叫啊，教室里充满了欢乐。幼儿园的管理者坐在教室的后面看着周围发生的一切，显然这超出了她的预期。此时，她之前与卫生、安全和食品卫生法规委员会之间为了这次活动而产生的争执似乎已经变成一个遥远的记忆。

在这个"偶拾"中，并非所有的家庭都讲英语，但他们聚在一起为孩子们创造了宝贵的学习经验。孩子们学习有关自己文化和其他文化的丰富知识；学习食物名称，尝试着用食物来源地的语言叫出食物的名称；学会如何在社会情境中与他人相处，并发展自己的归属感。在反思这次庆祝活动时，教师们都为那天活动所取得的良好效果而自豪。从长远来看，教师也从中受益，因为那天所建立的关系在活动之后也得到了发展。这次活动对个别孩子的影响也是明显的，因为家长在幼儿园里越来越自在，他们从"交流孩子的学习"这一水平，发展到更高水平——"参与孩子的学习"。尽管语言障碍依然存在，但家长和教师尝试着用对方的语言说一些简单的句子，这使他们成功地交流。所有的家长和家庭都是不同的，只有了解他们的工作方式和他们关系中存在的复杂性和挑战，我们才能有效地与他们合作。达林（Darling，1999）将养育子女描述为"一个复杂的活动，包含许多具体的行为，这些行为单独或共同地起作用，影响着孩子的发展"。许多有关如何做家长工作的文献都提到了家长的教养方式。斯科特等人（Scott et al.，2012）的研究发现，在消极的教养方式下，家长严厉的行为管理且缺乏一致性的管理要求，显然与孩子的反社会行为相关。所有的教育工作者都清楚，学习品质是长期取得学业成就的关键，因此家长的教养方式是我们需要考虑的重要因素。家长的回应性是教养方式中的一个重要因素（Barimund，1991），体现为家长对孩子在情感上的热情程度、对孩子个人需求的支持程度以及对孩子的敏感程度。教养方式的第二个因素是家长的"要求"或行为控制（Barimund，1991），它主要体现为家长如何监督孩子的游戏、如何管理孩子的行为等。如果我们花时间去观察亲子关系中的这些因素，并敏感地就养育要素与家长进行探讨，我们就能在提高养育技能上给家长提供支持，进而为邀请他们参与孩子在家和在幼儿园中的学习创造机会。

关于养育方式的研究（Barimund，1991）指出，权威型养育方式在支持儿童的发展和学习上最有效，因为这些家长对孩子的反应敏感，同时对孩子的行为有要求，即家长既在情感温暖的关系中支持孩子，同时又有明确的界限。

偶拾：爸爸，看飞机

在忙碌的机场登机口，一位年轻的爸爸正和他的女儿一起观看停在窗外的飞机。爸爸蹲在地上，女儿紧靠在他身边，双肘放在他的膝盖上。他向她解释了接下来他们将如何登机，飞机起飞时发动引擎会发出什么样的声音。他回应了她的问题和评论，展现出许多持续共享思维的要素。她用手敲打着窗户，他把她的手移开，放在自己的手里，让她停止敲打。她朝他笑了笑，又重新靠在他的膝盖上。他们继续讨论飞机和他们的假期，没有意识到周围发生的一切，完全专注于对方。

第 2 章　与家长一起为可能性而规划

在"偶拾：爸爸，看飞机"中，爸爸表现出权威型家长的所有特征。他是回应性的，体现为他温暖、明确的爱和对女儿的敏感。同时，他也是有要求的，表现在他清晰的行为期望上。与飞机邂逅带来的学习具有如此丰富的可能性，但如果你与这位爸爸讨论其中蕴含的学与教，他也许会说自己还没有意识到这些。他觉得，除了在登机前和女儿聊天外，自己什么事情也没有做。

对许多家长来说，教育孩子、为孩子创造学习的机会是很自然的事情。但对另外一些家长来说，家庭教养方式不同，以及自身的自信心、回应性和对孩子的要求程度等因素，可能会限制他们了解和参与孩子在幼儿园中的学习。对早期教育工作者来说，这显然是一个挑战。然而，我们可以通过提供正式和非正式的机会与家长讨论学习品质和有效教学的特点，使这个问题得以解决。在下面的"偶拾"（Woods，2015：99）中，这样的机会就出现了。一所新的森林学校在第一期课程结束时邀请家长们参加一个非正式的晚会，请他们聊聊自己的体验。

偶拾：迈克尔的妈妈

6 月 29 日，天气很糟糕，一直下着倾盆大雨，但我注意到迈克尔今天特别开心。他常常一会儿跑，一会儿滑倒，已经在泥地里四仰八叉地摔倒过好几次了，袖子也湿了，脸上溅满了泥。当孩子们试图把树冠上的水弄下来时，他兴奋得又是笑又是叫。在活动之前，森林学校已经请家长到场，因为孩子们活动后可能会因为衣服湿而着凉。

迈克尔曾参加过五六次这样的活动，但这不足以充分证明森林学校对他的社会性和情感发展已经产生了影响。只有与他的妈妈一起反思时，我们才能理解这段经历对他意味着什么。

一位森林学校的负责人问他的妈妈：

"你认为，这样的活动对迈克尔有什么好处？"

她说："做事的自由，不用……担心。他有时在一大群人中的表现不是很好。在小组中工作，确实有助于他加入森林学校的讨论。他每天都愿意去。我想这给他带来了自信。他在幼儿园更放松了。"

负责人回应道：

"我又一次在森林里听到他说话的声音了。"

后来，他妈妈补充说：

"当我们出去的时候，他总是问'这是什么树？'整整一个星期，他都在养一只蝾螈，让它在他身上爬，还跟它说话。他对户外的一切事物都感兴趣。在来森林学校之前，他从未做过这些事情，我们从来没有用树枝搭过房子。他认识荨麻和酸模叶，他要弟弟（2岁）把手高高举起。他挑选很多东西，还谈论更多有关森林学校的事情。"

妈妈从迈克尔的想法、自信、知识、幸福感和自主等方面看到了森林学校对迈克尔的影响。这很有力量，而且她很乐意告诉我们这些。森林学校的负责人记录了迈克尔在森林里说的话，并反思了之前对迈克尔语言发展的担忧。在一群孩子面前能自信地讲话，往往会掩盖他真正的交谈、对话的能力。成为森林学校的一分子并幸福地在森林中生活，这真是太美妙了。与他的妈妈分享这件事情就是一件非常有影响力的事，这将鼓励她今后更多地与孩子一起参与户外活动。

成功的关系带来无限的可能性

在本章，我们探讨了有关家长参与儿童学习和发展的计划，以及由此带来的许多可能性。那么，现在就让我们把注意力转向如何维持这种关系。我们经常发现，当我们引入新的计划时可以将这种关系成功地维持一段时间，但当我们将注意力转向下一个项目时，这种关系就会渐渐地消失。在实践中，我们不应该让这样的情况发生，我们之所以要与家长建立这种关系,目的就是请家长帮助我们一起为可能性进行规划。惠利(Whalley)探讨了将一种可持续的方法嵌入到佩恩·格林(Pen Green)开发的"家长参与孩子学习"(Parents Involvement in their Children's Learning,PICL)项目中的必要性:

> 工作人员必须找到与家长交流的共同语言,就儿童是如何发展的、在家里和幼儿园是如何学习的等方面的问题与家长达成共识。很重要的一点是,幼儿园的工作人员要试图了解家长关于儿童发展和在家里学习这两方面的观点。同样,幼儿园的工作人员要与家长分享自己关于这两方面的观点,但分享要建立在自己的实践基础上,而且从观察孩子在幼儿园的情况中总结出来的一些认识也很重要……以这种方式进行工作所带来的结果是,改变孩子们的生活机遇。
>
> (Whalley,2007:201)

显然,维持这种关系既需要时间,也需要教师自信且具备较强的专业技能。然而,就给孩子、家长和整个社会所带来的长期利益而言,在时间和金钱上的付出和努力都是值得的。这个项目的成功得益于家长和教师的合作,他们一起为孩子录像,在对话中一起观察、反思、暂停录像、解读和思考下一步的行动。当然,家长的洞察力与教师的审查和调解所产生的价值也是不可被低估的。

最近,关于"家长对学前儿童和小学适龄儿童自我调节的影响"研究的系统综述表明,一些典型的家长教养维度和行为与儿童自我调节学习的元认知及动机始终相关(Pino-Pasternak & Whitebread,2010)。

(Whitebread & Basilio,2012:16)

这种关系的持续存在促成充分的参与和互惠。我们需要不断开发教师与家长沟通、共事的新策略。同时，我们需要关注技术进步带来的机遇，与家长就"孩子是如何发展的""孩子在幼儿园、家里和社区中是如何建构新知识的"等问题展开对话。学习应该被看作一种主动的社会过程，敏感的家长和有助于促进这种学习的教师都要支持儿童的学习。

在这里，我们也要考虑社区的作用。瑞吉欧·艾米莉亚的学前教育机构和婴儿—学步儿中心就是在一套以社区为基础的管理系统作用下运行的，该管理系统旨在支持、加强和发展幼儿园、家庭和当地社区之间的积极互动和交流。他们认为，这种三角关系是儿童在环境中获得整体性教育经验的关键。英国有着一段自愿管理早期教育的历史（学前教育和游戏小组），但由于人口和经济的变化及其需求的变化，其中的许多做法已经消失。这是很丢人的！我们需要利用社区为儿童学习提供的机会，就像瑞吉欧·艾米莉亚所做的那样，各类幼儿园的举办者都可以这么做。通过建立社区或家长论坛，对早期教育感兴趣的社会人士聚集在一起共同计划项目，讨论学习机会，分享理念和思想。布里斯托尔街游戏项目就是当代一个很好的幼儿园、家庭和社区三者合作的例子。在讨论瑞吉欧·艾米莉亚学前教育机构中的家长参与时，斯帕贾里告诉我们，这种互动可以"促进一种有利于儿童的新型政策性贡献"（cited in Gandini，1998b：111）。

在本章，我们探讨了家长参与的许多方面。我们已经看到，这明显有利于儿童的全面发展，并给他们带来"生活机遇"（Whalley，2007：201）。我们需要维持养育中平衡的伙伴关系，赋予家长改变的权利，使教养行为更加有效，为儿童的学习提供可能性。最后，我们总结了许多概念，也进行了反思。如果像瑞吉欧·艾米莉亚学前教育机构的一位家长所说，让家长充分参与关于可能性的规划，那么会对家庭产生什么样的影响呢？关于自己在学校所在的社区中的地位和身份，这位家长是这么说的：

第2章 与家长一起为可能性而规划

也许，对社区产生的地方感和归属感建立在开放、信任和尊重的基础上，这是他们馈赠给我和我们的家庭的最大礼物……

（Laesk，2001：47）

思 考 题

- 在你的班上，你与家长的合作处于PPEL模式的哪个水平？
- 是否所有的家长都充分地参与了孩子的学习与发展？他们是否有机会定期（正式和非正式）地参与讨论，并为孩子在幼儿园中的学习提供帮助呢？
- 你如何让家长理解，他们在家中给予孩子的经验对孩子学习与发展是有价值的？
- 你如何鼓励家长，让孩子在家里玩西尔瓦等人（2004）认为有助于认知发展的几种活动呢？
- 可以用什么材料来支持家长为孩子们提供经验呢？
- 你可以采用哪些小措施来提高家长参与的可能性呢？
- 目前你与社区合作的情况如何？你所在的社区有哪些可以促成更密切对话与合作的可能性呢？

有美感地呈现鲜花,引发幼儿静物写生的可能性(江苏省镇江市丹阳胡桥中心幼儿园提供)

第3章 探究儿童声音的可能性

本章我们将把关注点转向儿童的声音，思考在为儿童的学习做准备时应该如何将儿童的声音充分地考虑进去。在开始讨论之前，有必要提醒一下本章讨论要遵循的一些原则。在规划时考虑儿童的声音，其背后的依据是《联合国儿童权利公约》的相关明确规定。1991年，英国批准了其中的54条，与本章要讨论的问题密切相关的是第12条，该条款指出：

> 缔约国应确保有主见能力的儿童有权对影响到其本人的一切事项自由发表自己的意见，对儿童的意见应按照其年龄和成熟程度给以适当的看待。
>
> （UN，1998）

2000年，维多利亚·克莱比（Victoria Climbié）逝世后，拉明（Laming，2003）的报告建议在保障和保护儿童问题上，要适当地听取儿童的意见。他的建议被纳入《儿童法案》（Children Act，2004）和《每个儿童都很重要》（Every Child Matters，DfES，2003）提案的其中五项，这些建议都是儿童和青年人自己起草的。儿童和青年人积极参与这项政策的制定，这是《联合国儿童权利公约》对各国政府的期望和要求的示例说明,即把年轻的利益相关者视为应该受到尊重的人,并提出在制定政策时要考虑他们的意见。

英国教育和技能部受命进行了一项关于儿童倾听和咨询状况的重要研究(Clark et al.,2003),展现了当时政府对这一领域的承诺。该研究的结果催生了一套国家培训方案和培训资料(Lancaster & Broadbent,2003;Lancaster & Kirby,2010)。另外,在制定地方战略和规范幼儿园实践中也植入了基于权利的方法和倾听的文化(Moran,2006)。

1991年以来,《联合国儿童权利公约》强有力地执行承诺的内容,并在法律的修改和地方、国家的政策上得以体现,甚至进入最年幼儿童的教育实践中。从某种程度上说,现在很难想象在我们与孩子共度的时光里,没有人通过互动、联系和观察了解他们的兴趣和偏好——倾听他们的声音。然而,我们在仔细阅读第12条之后发现,倾听儿童的声音只是我们义务的一部分。一个残障儿童说:"人们让我说出我的感受,因为他们必须这么做,但是忽略了我说的话,因为这不是他们想去做的。"(Crow et al.,2008:10)

我们需要找到一些方法,对儿童的声音"给予应有的重视",同时要确保这些声音发挥作用。换言之,该条款要求我们给予儿童积极参与的机会,站在他们的立场上做决定和制订计划。对有些成人来说,这可能是一个具有挑战性的想法,而挑战可能源于我们对独特儿童的看法。今天,我们中的少部分人可能仍然持有我们祖先的看法,即儿童应该被看见,而不是被听见。但我们依然认为,孩子是天真的、依赖的和脆弱的(Moss & Petrie,2002)吗?或者说,我们认为儿童"富有潜力、坚强、强大、能干,最重要的是,与成人和其他孩子紧密相连"(Malaguzzi,1993:10)吗?这个问题很重要,因为我们对孩子的看法将影响我们如何看待成人与儿童的关系,进而影响我们对教育方式的选择。

我们知道并理解,母亲和孩子之间的沟通从孩子一出生时就发生了。哈特（1992）认为，儿童的参与始于出生之时，即家长与作为独立个体的孩子之间的交往开始时。当孩子通过哭和手势发出交流信息时，成人应给予回应。这种回应可能因家庭而异，也会受文化的影响。哈特指出，"甚至早在婴儿期，通过早期的协商，儿童会发现，自己的想法会在多大程度上对发生在自己生活中的事件产生影响"（1992：4）。

> 很明显，婴儿对他人情绪和行为感兴趣，并能做出反应。特里瓦森（1977）的研究表明，2个月大的婴儿对跟自己说话的人的反应不同于跟房间里其他不做声的人的反应。
>
> （Smidt，2013：39）

如果在场的成人能细心而敏感地倾听并理解孩子发出的信号，如果孩子被视为已经具有社会性的人，能积极主动地发出自己的声音和做决定，那么成人与孩子就能立即开启共同建构之旅。

在这一章中，我将讨论如何调整自己去倾听所有孩子的声音，包括最小的婴儿，以及那些即使有特殊情况也努力地让自己的声音被听到的孩子。家长和同事可以在这方面给我们提供帮助。我将探讨，一旦听到儿童的声音，我们将如何扮演他们的代言人，以确保他们的声音被大家听见。最后，我要提议，即使是对年幼的儿童，我们也可以从与他们进行协商，发展到使他们参与对自己有影响的决策，这对我们大家都有好处。

听取儿童的声音

在幼儿园里，尊重儿童权利的教师会观察孩子的行为，用各种沟通方式了解他们的偏好、兴趣和令其着迷的事情。克拉克和莫斯（Clark & Moss，2011）描述了马赛克方法，即通过邀请儿童拍照和制作地图，

第 3 章 探究儿童声音的可能性

结合对他们的访谈和观察来引出儿童自己的观点。莫蒂默（Mortimer，2007）描述了一种方法：运用连续的描述性观察方法对婴幼儿与所有在场的工作人员的互动情况进行观察，让婴幼儿充分参与，然后让团队对观察到的整个过程进行反思。这些最佳教育实践能让我们了解到儿童的想法。

偶拾：婴儿室里的选择

在婴儿室里，切尔给那些已经会坐但还不会移动的宝宝们准备了一个感官活动。为了引起宝宝们的兴趣，她挨个儿地接近每个宝宝，坐到他们旁边，往自己的手上喷一点婴儿润肤露，然后给宝宝看。她温和地叫着宝宝的名字，把手伸给他们，请宝宝们用手触摸她手上的润肤露。

普里娅把头扭向一边。切尔说：" 普里娅，今天不想玩吗？哦，我能看出来，你现在想玩摇铃了。" 之后就离开了。

米奇立刻伸出手，试着摸切尔手上的润肤露，他喜欢玩让东西四溅的那种富有动感的游戏。切尔也对他做出了回应。米奇将润肤露倒在自己的手上，然后用最大的力气去拍两只手，涂在手上的润肤露被拍得四溅，他们俩都咯咯地笑了。

雅各布显得更谨慎，最初他只用一根手指去触碰切尔手上的润肤露。切尔用平静的语调和他说话。当雅各布抬头看她的脸时，切尔向他露出鼓励的微笑。切尔很有耐心地听从雅各布的引导。慢慢地，他有了进步，开始尝试用两只手抚摸切尔的手。最后，雅各布伸出两只摊开的手，眼睛盯着装润肤露的瓶子，似乎在示意切尔将它涂在他的手上。

敏感的方法对了解孩子的爱好十分重要，在倾听儿童的声音方面，切尔的经验丰富。她提供的活动需要时间，但结果发现每个孩子都有适合自己的兴趣或在特定时间对特定活动缺乏兴趣的经验。普里娅可能想明天加入这个活动；几乎可以肯定，雅各布已经准备好今天就去探索；接下来，给米奇提供什么东西可以促使他探索令其着迷的感官体验并发展对材料的控制能力呢?切尔所提供的活动不同于那种如同把每个孩子放在传输带上,将他们一个一个轮流地带到创意区去完成当天计划的活动。但在类似的且历时更长的"偶拾:罗茜的宝藏篮"中,我们可以看到祖母是如何读懂婴儿发出的非言语信号,学会与孙女一起探索宝藏篮的。她将每个阶段的各种照片都与罗茜的母亲分享,从而支持罗茜持续探究物体的兴趣。

偶拾:罗茜的宝藏篮

罗茜刚会独立坐的时候,我们就给她一篮子的东西。起初,她选择的是大一点能拿得住和可以用嘴咬的物体。几个星期以后,她开始选择那些可以从一只手传到另一只手的物体,这些小一些的物体也可以被送到嘴里咬,因为此时她正在长第一颗牙齿。接着,罗茜能用左右两只手各选一件物体,当她把两个物体撞在一起时会发出声音。显然,她会抛弃那些一只手抓不住的、太大的物体,也会把那些敲出来的声音让她不满意的物体扔掉。最近,她更多地用两只手小心地将物体翻转,并从不同的角度端详。当她不想玩时,她会把这些东西一丢,抬起头,伸出胳膊好像要说:"不想玩了,把我抱起来吧!"

正如布朗(in Woods,2015:107)所建议的:

作为成人,当我们与还不会说话的非常小的孩子打交道时,我们要了解他们的新需求和兴趣,这是非常重要的,因为这些孩子也许不会用语言表达自己。在自由选择的游戏中,孩子们最普遍、最无拘无束地向我们展示自己的想法。在游戏中,孩子们可能会问问题,通过面部表情、声音、肢体语言、动作和手势来表达自己的想法和感受。因为他们动用自己所有的感官与周围的世界互动,并融入其中。动作可以被视为行动中的思维,因此一个人的思维可以被另一个善于观察的人看见。皮皮亚杰（Piaget，1983）是最早发现5岁以下儿童有有组织的、重复的行为模式或认知结构的人之一，这些行为模式或认知结构会通过儿童的行动和动作表现出来。皮亚杰称之为"思维图式"或"动作图式"，并认为思维是由这些图式内化组成的。

在教师和家长的眼里，每个孩子都是能干的，这就赋予了所有儿童发言权。孩子们多么努力地希望自己的声音被听到啊。为了听到那些努力使自己的声音被听到的儿童所发出的声音，我们应该非常认真、投入。这适用于有各种更多需求的儿童，同样，也应包括家长的声音，以确保尽可能充分地看待儿童。有些孩子可能因为语言（发展迟缓或环境中使用的语言不是其第一语言）、文化、信仰或种族、性别、能力或残障而被孤立。有些孩子在班里表现得很安静，避免成为别人关注的对象，他们更喜欢成为背景而不是舞台的中心。然而，另外一些孩子似乎更喜欢被注意，经常与成人和同伴交流。重要的是，我们要考虑这些孩子的个性，因为"不平等的正义传播会给人们带来伤害，造成痛苦"（Zephaniah，cited in Lane，2008：xv）。

瑞安（Ryan，2005）通过对参加自由游戏儿童的观察分析提出，儿童在游戏中的各种特征（在她的研究中指性别）可能会赋予或剥夺他们在这个群体中作为社会性主体的权利。我们如果认识到这种可能性，就会在观察中保持警惕。如果有必要，我们可以与孩子们讨论这个问题。适当提高儿童在互动中的支配意识和权利意识，有助于促进群体内的公平，确保所有孩子的声音都被听到。这是群体内所有成员的责任而不仅仅是成人的责任。洛夫达尔（Löfdahl, in Brooker & Edwards，2010：124）提醒我们，目前我们要"把儿童看成主体，承认儿童是其自身发展的共同建构者和社会化过程的参与者，由此可影响和改变其所在环境中的结构"。爱德华兹等人（同上：150）补充道：

儿童发起的游戏和学习

> 在这种情况下,教师的任务是"了解自己的教学活动的可能性,合理地运用这些活动,从而把自己负责的活动、意识(和品格)提高到一个新的水平。
>
> (Davydov,1995:17)

有特殊教育需求的儿童可能需要有特定的教师与他们密切合作,往往是一对一的关系。因而,经验丰富且聪明的人就是理想人选,可以帮这些孩子及其家庭"代言",成为孩子的支持者。然而,这并不排除其他教师(通常以团队的方式)也可以做出宝贵的贡献。全纳教育是良好的教育实践,良好的教育实践是全纳的。因此,指定的教师将掌握孩子详细的发展情况,支持他们发展某些具体的技能。真正具有包容性的团队会贡献自己对孩子的点滴认识,并将这些认识拼成一幅儿童发展的全景图,如他们如何参与,他们在哪里参与,他们接触的人和事(Casey,2010)。倾听这些孩子的声音没有什么特别的魔法:我们每个人都拥有这些技能。但事实是,对有些孩子而言,我们可能需要从其他知情人那里得到更多的帮助,更努力地倾听他们的声音。

偶拾:钱特尔和毛毯

朱莉扮演一名搬运工,她假装到钱特尔家里做客。钱特尔是一个3岁女孩,患有严重的复杂学习障碍和运动障碍。今天,朱莉带来了一条保温毛毯,就是发给马拉松运动员的那种。她把钱特尔放在毛毯上面,然后温柔地将毯子拉到靠近她头部的位置,让毛毯发出沙沙的响声。此时,钱特尔一只脚的大脚趾弯曲着。她的妈妈弗兰和朱莉知道这是她发出的信号,表明此刻她非常享受毛毯带给她的这种新感觉。朱莉提出把一条毯子带到托儿所去,让钱特尔在教室里也能继续享受这种新的体验。

在"偶拾：钱特尔和毛毯"中，朱莉和弗兰之间的亲密关系，使她们建立了强有力的伙伴关系。弗兰对钱特尔的兴趣及什么事物能令其愉快等方面的认知，与朱莉所掌握的有关早期特殊教育领域的专业知识交织在一起。朱莉、弗兰和钱特尔在托儿所的亲密关系有助于知识的分享，从而支持教师更好地适应钱特尔独特的沟通方式。反过来，他们也会观察并重述向钱特尔提供毛毯的经验，这有助于他们把特定的观察与对钱特尔的理解结合起来，从而为她做好最适宜的准备。

确保儿童的声音被听到

在忙碌的教室里，倾听孩子们的声音是件困难的事情。因为教师不得不考虑一天顺利推进的实际情况，况且以政策、学习框架和发展结果等形式出现的外部声音也可能会盖过个别孩子所发出的声音。这就会导致支配课程的常规和计划以成人为主导，而不是以儿童为中心的方式出现。如果这样，儿童的声音即使被听到了，也不会被听取。正是在这一点上，关键人的作用显得至关重要，他们要致力于建立重要的关系，适应儿童和家庭，与各方接触，从而为儿童争取最佳发展结果。

儿童发起的游戏和学习

偶拾：蛋羹

蒂龙是托儿所新来的孩子，2岁时因搬家而入托到这里。在托儿所第一周的生活即将结束时，他的关键人莉齐迫切地希望跟蒂龙的爸爸谈一谈孩子在这里的适应情况。除了交流一些琐事外，他们主要讨论了蒂龙在就餐环节的表现。莉齐详细地描述了蒂龙多么享受每顿饭，但是他一直不肯吃蛋羹。

"真是奇怪！"蒂龙的爸爸说，"他在家里喜欢吃蛋羹的！"

两个人继续讨论蒂龙在托儿所不爱吃蛋羹之谜，直到谜底最终被解开。托儿所的常规做法是问孩子要不要吃加布丁的蛋羹。如果想吃，孩子就必须穿上罩衣以防弄脏衣服。因为蒂龙不太喜欢聚氯乙烯做的罩衣的那种硬硬的感觉，所以为了不穿罩衣，他决定放弃最爱的蛋羹。征得爸爸的同意之后，莉齐决定让蒂龙吃蛋羹时不穿罩衣。随后，他们也向其他家长和孩子公开了他们的谈话内容。

莉齐是对这个事件起决定性作用的关键人。她觉得自己是一位善良的教师，把孩子们的最大利益放在心上。她在一家托儿所工作，这家托儿所以注重培养儿童的选择能力和重视他们的意见为傲。在反思时，她意识到不仅要听孩子们说话，还要确保他们的意见能够被听取。要做到这一点，有时取决于问题。因此，她就饮食相关的问题询问孩子及其家长，让他们的意见能被听到。莉齐了解到，家长很少在意孩子的衣服是否肮脏，但他们更看重托儿所允许孩子自己选择食物、自己吃饭的做法。她向主管汇报了这件事，因此有关孩子吃东西时要穿罩衣的要求被废除了。在这样一个关于物质准备的细微问题上，莉齐给予儿童的声音以"应有的重视"。

有时，这种起支配作用的声音来自幼儿园之外，它可能来自地方或国家的课程框架或政策。虽然早期教育指南通常以独特儿童的概念为核心，但有时在解释或贯彻上，这些条款比预期的更加严格。对高质量标准的达成情况以及是否满足需求的关心，可能成为主导的话语。对那些处于领导和管理地位的人来说，尤其如此！其原因我们将在第8章中讨论。然而，重要的是要平衡地关注"预定的、可衡量的结果"与"当前对儿童而言重要和有意义的事情"。通过了解什么对儿童是重要的，自信地代表他们提出并证明这一点，我们将成为他们的拥护者，并在做决定时代表他们发声。我们要确保儿童的声音被听到，这并非是一件很容易的事情。

偶拾：迈克尔的书写

迈克尔不久后将进入小学学习了，他的关键人萨迪亚感受到了压力。迈克尔是个"典型的男孩"，尽管他在身体和社会性方面发展得很好，但进入幼儿园以来，他在读写领域几乎没有进步。现在，迈克尔的家长向幼儿园的负责人建议，在读写领域给他安排一些更正式的活动，以帮助他赶上同伴。萨迪亚知道迈克尔喜欢故事，他对字母和印刷品也感兴趣。但是，他就是不愿意涂涂画画，也不愿意尝试书写，尤其是写自己那又长又难写的名字。

萨迪亚克制自己不强迫迈克尔书写，继续和他一起阅读，看一些印刷品，并准备了一些三维的字母，希望用这些材料支持迈克尔获得拼读知识。同时，她向家长和同事解释自己这么做的理由。迈克尔最喜欢户外活动了，她为他提供了在户外涂涂画画的机会，如记录分数、给自行车做车牌号、设计洞穴建筑。

有一天，走出教室后，迈克尔没有像往常那样去骑车。萨迪亚在一个积木区找到了他，虽然是一个人玩，但他显然玩得很投入。大约10分钟后，迈克尔向她走来。

"萨迪亚，快来看，这是我做的！"

迈克尔在垫子上用直条的和弯曲的积木准确地摆出了自己的全名，他还用一块小方块来表示字母"i"上的圆点。

在"偶拾：迈克尔的书写"中，萨迪亚对迈克尔的学习和做事方式十分了解，她有信心坚持自己的信念。在萨迪亚所创设的有利环境中，迈克尔已经具备并展现出使他在未来学习中处于有利地位的学习品质：

参与、坚毅、解决问题和创造力等。萨迪亚考虑到了迈克尔目前的需求，这表明她既关心迈克尔作为人的存在，同时也关心他的成长。

后来，迈克尔上小学了，他最终成功地学会了书写，尽管在时间上比同龄人要晚一些。现在，迈克尔已经长大了，他仍然很高兴去看望萨迪亚，跟她聊聊自己的职业近况。

从协商到参与

毫无疑问，在听取儿童的声音并据此采取行动方面我们已经有了进步。然而，我们也要认识到，我们在某些方面还可以做得更好。如果我们像马拉古兹（Malaguzzi）那样，认为孩子"富有潜力、坚强、强大、能干"，我们就会超越与儿童协商的阶段，朝着儿童参与的方向迈进。

在探讨儿童在研究中的作用时，凯利特（Kellett）认为，在某些层面上，方法是"象征性的"（in Gray & Winter, 2011: 28）。他发现，尽管现在已把儿童视为研究项目的积极参与者，但在与儿童讨论研究问题时，成人仍然掌握着选择研究问题的决定权。在迄今为止所发表的许多案例研究中，我们可以看到类似的情况。孩子们可以做出选择，但选择范围是由成人提供的。韦伯斯特（Webster, in Moyles, 2010:118）认为，可以用许多方法引发儿童的反应，如拍照、绘画、用玩偶、摄像，以及用在线档案或硬件拷贝的档案等。她引用伯克（Burke, in Thomson, 2008）的一句话：

> 他提醒我们要意识到，在探索儿童世界的过程中成人所拥有的权利，但同时也要谨慎地处理成人和儿童之间的权利关系。当我们对儿童的生活进行调查，并试图捕捉、探索和倾听儿童的观点时尤其要注意这一点。

哈特（1992: 8）构想了参与阶梯模型（Ladder of Participation）。这

个模型被广泛用于面向儿童和青年的服务项目,旨在提高他们的参与性。哈特将参与阶梯的底层界定为"不参与",即"操纵……在这个层级,与儿童商量但没有得到任何反馈"和"装点门面……儿童表面上被赋予发言权,但事实上他们几乎不能选择主题和交流方式"。阶梯越往上一级表示"参与程度"越高,在阶梯的最顶层代表最高的参与水平,即"儿童发起,与成人一起做决定"。在这个模型中,尽管哈特明确地将学前儿童排除在他的研究范围之外,但我们还是很容易理解,为了实现我们的目的,我们该如何把他的原则应用到学前儿童身上。

的确,哈特的话对我们特别有帮助,因为这给我们提供了一个方法去解决可能存在的分歧。1996 年,兰斯顿(Lansdown)综述了被批准发布的《联合国儿童权利公约》对儿童和早期教育教师的影响和意义。她讨论了当时存在的争议,也就是大家对第 12 条和其他相关条款所持有的反对意见——"儿童没有能力参与决策"(Lansdown,1996:7)。她认为这是一种错误的概念,那些对条款有误解的人认为,这是在鼓吹让儿童自主地掌控决策,让儿童独立于成人的观点并承担责任。兰斯顿(2001)后来描述了科勒姆之家[1](Coram Family)的"倾听幼儿项目"(Listening to Young Children Project)。该项目提供了一个模式,也是我经常提到的,因此将在这里详细地进行介绍。

尽管以权利为基础的方法解决了传统的权利关系,但该模式并不主张幼儿应该完全掌握全部或大部分的权利。这种方法将幼儿视为环境中活跃的、有能力的参与者。然而,幼儿未拥有专家的地位,也未具备成为生活中唯一决策者而必须具备的专业知识。所谓处理权利关系,就是倡导将幼儿的观点与所有其他积极参与者的观点放在一起讨论。将幼儿

---

[1] 一流的儿童福利基金组织,其旨在发展、发扬儿童保育与家庭支持方面的最佳实践。——译者注

儿童发起的游戏和学习

纳入决策过程,并不是以排除他人(家长、教师和其他重要人士)为前提,而是把另一把椅子拉过来,放在已经摆好了的椅子的旁边。

(Lansdown & Lancaster,2001:49)

这似乎是一张非常贴切的图像,表达了这样一个画面:孩子是贡献者和参与者,从最年幼的时候起就在与自己有关事务的决策过程中占据主动地位。

早期教育论坛(Early Childhood Forum,ECF)确定了早期学习的五个基础。其中之一是"贡献和参与",包括"参与群体生活……在共享中合作……贡献自己独特的个人想法……在群体中承担越来越多的责任……学会理解和反思自己的决定对他人的影响"(ECF,2003:17)。下面的"偶拾"将帮助我们理解,这些特点在行动中是如何体现的。

偶拾:儿童的优先权

这是一家幼儿园,周末时,活动材料会被收起来。这里的建筑并不引人注目,但它的教育质量却很棒。出于安全考虑,所有的设施设备都被隐藏在集装箱里,孩子们接触不到。长期以来,教职员工一直使用自制的"目录",如果孩子们要使用存放在集装箱里的设备,他们就对照目录提出申请。最近,他们观察到孩子们一直在重新布置娃娃家的家具,于是决定把为这个区域准备活动材料的决定权交给孩子们。孩子们制作了一份新的用于娃娃家和想象性游戏的材料"目录"。每个星期五下午,不同组孩子可以依次选择打算搬进来的家具,为周一早上的游戏做准备。这里有孩子们自己布置的有趣的环境。

有一对孩子摆放好家具后,用毛毯和床单把家具盖了起来,这体现了他们对搭建户外巢穴的兴趣。

在持续共享的问题解决时段,一个孩子与关键人一起工作,在更衣室的挂钩上挂了一块白板,代表着家里冰箱门上的购物清单。这个购物清单是由一家深受儿童及其照护者喜爱的合资企业制作的。

> 西姆的家里刚刚添了一个新出生的妹妹。他在教室的中间放了一张婴儿床。因为把婴儿床放在这里可能会被别的孩子撞倒，于是参与游戏的成人跟他讨论这里是否是最安全、合适的地方。西姆坚定地说："他们应该知道婴儿很重要，一定会小心！"为了确保他的同伴也有这样的理解，并意识到婴儿床对西姆的重要性，在其他孩子使用娃娃家之前，教师安排了一次小组活动时间，让西姆向大家解释自己的游戏想法。

这里的儿童被授予参与的权利，这是对他们能力的认可（Burr & Montgomery，2003）。幼儿园中的每个儿童都是知情的，他们知道自己被要求做什么和为什么要做。他们知道自己的想法可能与同伴、成人的想法放在一起讨论和辩论，自己的决定可能会受到质疑或挑战，但如果能够证明这些想法是有道理的，这些想法就有可能被采纳。他们还知道，因为讨论发生在行动之前，所以不是所有的意见都会被采纳。如果意见没有被采纳，教师也会向他们解释或和他们讨论没被采纳的原因（例如，经过协商，打水仗生日派对的计划被调整为户外活动）。孩子们为自己的决定负责，并能看到自己的意见所产生的影响。他们也可以选择退出协商程序，尽管很少有人这么做。教师利用其对小组内儿童的了解，通过仔细地为儿童配对组合，支持那些缺乏自信的儿童参与活动。

参与和发声文化的短期效益

布鲁纳（Bruner，in Rinaldi，2006）提出了一种学习方法，即在基于对话和行动的教育过程中，将儿童和教育者均放在平等参与者的位置上。从社会建构主义的观点看，学习可以被看作一个社会交往的过程（Vygotsky，1933），从在共享的文化和环境中让儿童和教师共同建构知识开始。特别是当孩子不会说话或使用第一语言时，教师倾听并密切地观察孩子的想法和假设，就能理解他们是如何创造世界的意义的，要允许成人质疑、挑战、提出替代方案并发展孩子的理解力。在这方面，幼儿园的倾听文化能使儿童和成人所听到的、思考的和学习的东西都展现出来。将自己视为学习中主动、成功的参与者的孩子，更有可能参与进来并拥有积极的学习品质。这表明了共同融入和参与的必要性，并隐含着教师应该在学习和教学中与儿童建立公平、信任的关系。尽管师幼双方都必须参与思考，但这并不是说两者在对话中一定要做出同等的贡献，而且在师幼互动中确实需要彼此互惠。

布朗（Brown）认为，共享的经历中包含着共同建构，需要参与者共同努力，共同分享和创造意义。她重申："研究意义需要教师和孩子了解世界，在互动的过程中对活动及观察到的事物进行解释和理解。"（in Woods，2015：115）

尊重孩子现有的才能和能力，在学习中让他们享受平等地位，改变传统的权利关系，让孩子发挥主导作用，支持他们发展自我意识。让孩子看到自己在重要他人的眼里"富有潜力、坚强、强大、能干，最重要的是，与成人和其他孩子紧密相连"（Malaguzzi，1993），从而使他们获得积极的自我印象。积极参与学习共同体，有助于支持儿童在幼儿园的生活中成长为对自己和他人负责的社会群体中的一员。

采用倾听教学法的教师了解并理解他们所照护的孩子。他们能恰当地为儿童做好学习计划和准备，给予儿童的意见和声音应有的尊重。这反过来又使幼儿园所做的各项准备更有效，儿童能更好地参与。根据前文"偶拾"中幼儿园的教师所说，当环境由孩子们来布置时，孩子们持续地参与娃娃家游戏的次数更多。提高儿童的参与度也可以提高成人的工作质量，从而提高教师对工作的满意度。

积极倾听儿童并鼓励儿童参与的幼儿园会给儿童提供适宜的活动准备和所需经验，使儿童具有包容性，而最重要的利益相关者——儿童和家长，也会给幼儿园做出高质量的评价。

家长应参与这种倾听的良性循环。重视倾听的家长将更好地了解孩子,表现出对孩子观点的尊重,同时得到孩子的尊重。而且,他们也将清楚地知道,自己的孩子在尊重个性的幼儿园中得到了良好的照护。

参与和发声文化的长期效益

哈特(1992:4)写道:

一个国家的民主程度体现为其公民的参与程度,特别是在社区层面。参与的信心和能力必须通过实践逐步获得。正是出于这个原因,应该逐步增加儿童参与具有启发性的民主活动的机会,特别是那些深信自己属于民主国家的地方更应如此。随着儿童权利的增长,我们开始看到,儿童为自己说话的能力也得到越来越多人的认可。

这种意识形态可以帮助我们更长远地看待以权利为基础的倾听方法的好处。莫斯提出,作为"公民之间相遇和对话的地方"(Moss,2007:13),幼儿园是一个"民主的空间"(同上:27),可以很好地推进民主进程。

高瞻佩里学前教育项目(High/Scope Perry Pre-School project)的早期学习特点是儿童发起的学习和基于游戏的方法,儿童做出选择并对自己的选择负责。要对这种儿童积极参与自身学习的课程模式的效果进行研究,就需要收集儿童日后在工作、守法、关系和收入等方面受益的证据(Schweinhart et al.,2005)。显然,在儿童早期培养积极的学习品质有助于个体在今后的生活中保持积极的态度。

在幼儿园中学会参与和做贡献的孩子,长大成人后更有可能参与社会活动。那些知道自己的贡献是有价值的并会受到重视的儿童,将来更有可能愿意为自己的群体和社会做出贡献,这是培养未来公民积极的身份感、公平、正义和民主的一个重要目标。

随着孩子们长大,在多元文化和多信仰的世界中,得益于倾听文化的培养,他们将在多样化的社会群体中占据自己的位置,尊重同龄人和不同年龄的人,接受他们的个性,这些对他们来说将越来越有价值,进而形成更大的社会凝聚力,减少社会排斥。

最后,也是最重要的一点,那些知道自己的声音会被尊重并被认真倾听的孩子,更有可能表达自己的担忧并寻求帮助,从而获得安全的保护。

附言

本章最后的一个"偶拾"是一个提示。如果幼儿园正设法让儿童积极参与与他们有关的事务,那么所有相关者之间的讨论十分重要。

偶拾:派对食物清单

幼儿园圣诞派对的准备工作往往要求教师为自愿带来食物的家长提供一份派对食物清单,包括一些平常的食物,如三明治、果冻、薯片和巧克力棒。

然而,今年幼儿园民主地让孩子们自己拟订食物清单,把自己最喜欢的食物名称写在清单的最上面。教师惊讶地发现,孩子们最喜欢的三种食物是酸奶、比萨和香蕉。

然而,派对的日子到了,家长们带来的食物还是平常的食物,如三明治、果冻、薯片和巧克力棒。

思 考 题

- 你如何将自己听到的儿童意见及时地融入每天的工作中?你是否把你所听到的信息与同事分享以便共同行动?

第 3 章 探究儿童声音的可能性

- 你能说出一个或几个你觉得平时比较少发声的孩子吗?你会采取什么措施来维护他们的利益?
- 你所在的幼儿园的"民主空间"有多大?你能想出办法让它变得更好吗?
- 回忆最近一次你让儿童参与决定对他们而言很重要的事情的经历。你与儿童、家长和同事分享过这件事吗?

玩"小零碎"让我很放松（江苏省张家港市江帆幼儿园提供）

第4章　为所有儿童开发户外活动的可能性

户外能刺激和激发所有年龄的儿童去探索、发现迷人的世界，并从中获得大自然赐予的丰富体验。正如爱德华兹（Edwards）所说，"每个人都知道，孩子宁愿在外面也不愿在家里……我们有更加生动、可行和鼓舞人心的方法去发现我们生活的世界"（2002，cited in Day，2007：177）。给孩子们提供室内游戏机会的同时，还要提供室外游戏的可能性，这一点非常重要。威尔逊（Wilson，2012：92）引用 E. O. 威尔逊（E. O. Wilson）的亲生物性理论，该理论认为，"人们在生理上被自然吸引着，因此需要经常接触自然才能获得满足（Kellert & Wilson，1993；Quinn，1996）。如果孩子亲近自然的机会受到限制，那么他们通过自然世界获得满足的机会也会很有限"。成人不让孩子在室内玩时很少给出理由。然而，当考虑去户外玩时，你可能多次听到或说过"太热""太冷""太湿""太危险"，所有这些都是出于对孩子最佳利益的考虑吗？在本章，我们不打算向你提供儿童户外活动的指南或手册，而是想通过一系列"偶拾"，让你漫步于探索让所有儿童参与户外活动可能性的旅程中。那些支持和认可户外世界价值的成人，承认户外活动会给孩子的发展带来好处。然而，我们也要认识到，户外所呈现的优势和特点恰恰又是成人需要面对的挑战，例如，温度、湿度、荒凉、空旷、昆虫和开放的边界，这使孩子们在户外玩耍时既要寻求成人的监护，又要

第 4 章　为所有儿童开发户外活动的可能性

学会自我管理。我们认为，儿童的顽皮似乎激起了成人为了儿童而对学习环境进行控制的欲望。随着年龄的增长，无忧无虑的感觉和童年精神可能会逐渐消失，取而代之的是责任，使我们意识到那些更容易受危险影响的人所面临的潜在危险和意想不到的困难。然而，在第 5 章中，这一观点受到了质疑，从本章开始，我们将梳理相关观点。

家长和教师时常希望把户外活动的潜力挖掘出来。然而，我们自身的偏见、恐惧、担忧或专业技能的缺乏可能会阻碍我们为孩子提供最好的户外活动经验。我们必须承认，并非所有成人都喜欢户外活动，这也许与个人的童年经历有关，也可能与近年来发展起来的"把舒适和干燥的着装放在比跟潮湿多风的气候作斗争更重要的位置"这一观点有关。我们请你试着从孩子的角度重新审视你为他们提供的机会，给自己和孩子穿上合适的衣服，尽可能地让儿童与户外活动建立联系。

全纳性游戏

试想一下，如果孩子面临额外的障碍或有复杂的需求，我们的任务就会变得更加艰巨。不妨回忆自己的小时候（不是以纯粹怀旧的感觉），你是如何克服真实感知到的障碍的？孩子在户外可能会是什么样子？这样，我们就可以为儿童学习的可能性进行规划。同时，我们也要与自信的同伴合作共事，使成人对户外活动的态度朝着积极的方向转变，营造一种包容的文化。

下文中的第一个"偶拾"呈现的是当教师察觉到危险时，如何采取明智而简单的预防措施加以应对。在森林体验活动中，孩子们经常把自己刺痛。我们没有把荨麻拔掉，因为爬虫喜欢它们。孩子们很少哭，我们鼓励他们不要抓身上的疹子，而是找一片酸模叶把手、腿、手指包起来。这样，孩子们就知道轻微的受伤是可以处理的，而且有机会认识两种植物。

儿童发起的游戏和学习

偶拾：第一次森林学校课之前的探索

森林里长着带刺的荨麻。为此，我们达成了四条活动规则：孩子们不可以吃任何东西；不可以采摘任何有生命的东西；不可以挤烂任何有生命的东西；必须在划定的范围内活动。当家长把孩子们送到大门口时，我们向他们解释这些规则。

第一次去森林参观时，我们让孩子们走在左边，因为左边有一条清晰的小路，还可以看到田野。在森林的底部是一片开阔的空地，有一些树可供初学者攀爬，例如，有一根树枝，还有一块空地，孩子们把它当作"家园树"。那里有四棵树，可以被用作固定防水帆布的帐篷杆。森林中也有自然形成的边界。

我们讨论了首次户外行走时可能会引发孩子们兴趣的活动，把在森林里拍照、集体玩捉迷藏和进行一般的探索活动作为前两次外出活动的重点。我们还讨论了后续的挖掘、挖坑、假装烹饪、制作捕梦网[1]、把黏土粘在树干上、把树枝绑在一起等活动。大家一致认为，应该由孩子们的兴趣指引我们的活动安排。

教师们仍然担心户外活动的风险，他们没有向孩子们提供记录用的板夹等室内活动设备，这是真正迈向未知的第一步。另外，他们还担心孩子们可能会着凉、受伤、被淋湿或迷路。

这个"偶拾"展现了缺乏经验的教师关于给孩子提供"已知"设备的必要性和安全性的看法。在我们进行森林活动的几周时间里，任何放入帆布背包的资源（如放大镜、泥铲、用于记录瓢虫数量的小本、为利用树来搭帐篷的两个男孩配备的手电筒）都只是用于响应深入的活动。教师们逐渐放手，让自己沉浸在由孩子引导的、有趣的探索中，成为更安静的、善于反思的、自然的共同建构者，与孩子们共同理解新的经验。

户外环境为所有年龄、不同性别的儿童提供了充分发挥自身潜力的机会，这里的儿童包括最脆弱的儿童和最具有挑战性的儿童。全纳性户

---

[1] 起源于印第安人的古老传说，是一种用藤枝和羽毛做成的手工制品。——译者注

外游戏的理念使我们能吸收富有想象力、创造力和主动承担风险的原则。让所有孩子都参与户外游戏的愿景，激励着我们为儿童开发户外活动的可能性，庆祝个人的成就。正如哈特等人（2004：4）提醒我们，"如果我们不是基于对幼儿能力的判断而组织和建构他们的学校经验，他们的学习就可能不会受到限制"。

立法保障儿童的权利，推进全纳性游戏（UNCRC，1989；Education Act，1996；Disability Discrimination Act，2005；Discrimination Act，2010）。捍卫儿童的权利，保护和促进全纳性游戏，使儿童免于不利地位或遭到排斥。本章的观点是，教师和家长一起合作，欣然地接受全纳性户外游戏，并将这些原则运用到他们的实践中去。所有成人如果都持有这些基本信念，就没有必要多此一举地通过法律强制执行儿童游戏的权利。相反，家长和教师能够利用户外活动的所有权，将他们的积极性传递给孩子们，而不是不情愿地"陷入其中"。聪明的成人不需要通过法律把参加户外游戏的种种好处告知自己的孩子。然而，立法确实能维护和巩固户外游戏的基础。"全纳性教育实践提供了探索假设、开发工作流程和方式的机会，从而在经验之间建立桥梁"（Nind et al.，2005：138）。

然而，我们必须注意的是，我们对法律和非法定指南的解读中往往暗含着不同意利用户外的借口。这使我们相信户外游戏太危险，认为填写许多表格和完成文书工作是有好处的，但其实这并非是立法的真正目的。

自然资源

户外游戏环境蕴含着大自然馈赠的丰富的感官礼物，有助于激发和鼓励儿童面对和参与日常生活，从而培养他们的选择能力和情绪弹性（emotional resilience）。我们甚至认为，那些只有在户外才能体验到的自然元素似乎在本能地吸引孩子们去享受自然带来的快乐，使他们的感知觉、创造力、想象力、语言能力，当然还有身体技能变得更加完美。我们无法在室内大规模地给孩子们提供与水、雨有关的体验活动，让他们观察风吹过树林时掠过的云朵，体验踩泥巴和玩火带来的兴奋。

帮着点火和烧火，在水坑里踩进踩出是快乐的，我们不要忘记那些年龄最小的孩子，也要考虑给他们提供户外感官活动。婴幼儿喜欢草地、沙子和泥土带给他们的感觉，喜欢看风吹树动，在狂风中呼吸。很明显，户外游戏不仅仅适合能独立移动的儿童。许多幼儿园会组织户外睡眠活动，还会安排一段时间，让孩子们体验天气、风铃、反光的悬挂物、飘动的丝带、飘浮的纱布材料，以及被雨点拍打的雨伞和银箔。尝试用低温毯做一个洞穴，当雨滴轻轻地落在上面时会发出叮当声，仔细观察儿童由此产生的愉悦。

请不要低估同事们的紧张情绪，因为他们自己在户外学习和冒险方面缺乏经验。培训或者选派那些在组织户外活动上比较自信的教师带学徒等途径，能帮助我们克服在那些不愿意利用户外环境的人身上会看到的困难。成人也应该被视为独一无二的人，他们也需要得到他人的积极鼓励以及包含学习和发展机会的有利环境。这意味着家长能够进入户外，并享受户外活动带来的快乐。

偶拾：水坑带来的可能性

电话是教师打来的。参观完林地后，他们打电话来取消本周的活动课。因为他们觉得水坑太深了，孩子们有溺水的可能性。他们发来了一张用手机拍的照片。在我看来，那些水坑令人兴奋，也充满了可能性。我们有一些树枝也许可以用来造桥，孩子们曾用这些树枝当作鱼竿，在干燥的土地上玩钓鱼游戏。我这周不能陪伴他们，因而教师们觉得心里有点发虚。一周后，水坑更深了，但在我的支持下，大家玩了最精彩的游戏。在接下来的一个星期，我提到了我看到的一个火坑，这个火坑非常适合幼儿园。简的回答是，她会"把这个留给我"，因为她没有准备与"火"有关的活动。

第4章 为所有儿童开发户外活动的可能性

室外游戏应该明显不同于用自然材料开展的室内游戏，也不同于只是利用户外场地复制的室内课程，或把带有标记的各种学习区搬到户外开展的活动。这种象征性的做法表明，教师正试图"抓住"那些喜欢户外活动的孩子，并让他们参与"他们认为应该做的事情"。我们可能还记得，我们给那些想要充分利用所有户外空间的孩子所制订的计划，不管孩子是要步行还是骑车，我们都会发现，在车库这一角色扮演区所设置的书写站不太可能引发孩子们开展有意义的、持续的书写活动，因为车库所提供的空间和距离更容易引发他们的竞赛游戏，让他们体验速度、自我挑战以及空气拂面的感觉，而且游戏往往产生于对儿童有吸引力的社会群体之间。忙碌的孩子会发现整个学习环境很刺激。我们认为，如果照片、说明文字和标签是事先准备好的，孩子们就更有可能将其结合在一起。一组孩子发现了一个兔子洞和兔子拉在外面的一堆粪便，于是跑回到放帆布背包的地方，把背包倒空，找出一块层压板来"标记"他们的发现。这是很有意义的书写活动。当我们从兴趣出发思考如何对可能性进行规划时，就会想起布罗德黑德和伯特（Broadhead & Burt，2012：26）的反思：

> 我们发现，户外区域是由孩子们的兴趣所引导的，而室内区域仍然是由与主题相关的计划驱动的。基于主题的课程需要大量的计划时间，课程的重复似乎使教师逐渐失去兴趣，以至于觉得让孩子们充满热情越来越困难。

所谓对可能性进行规划，就是带一把修枝剪到树林里，等待并观察孩子们发现需要用修枝剪修剪的东西，而不是有意准备好去教孩子们学习这项技能。

儿童发起的游戏和学习

偶拾：瓢虫的语言

弗雷迪（捧着瓢虫）：它爱我。它想跟我回家。（以瓢虫的口吻）我没有翅膀，不能飞。我只能做他的宠物。（对我说）为什么瓢虫走路的时候两条腿会交换？要爬很长一段路，也许它能爬到这里。等着瞧吧！它能爬上我的拉链。它永远不会飞走的。它可以爬上那棵树（把瓢虫往树上举）。

这个孩子的语言表达能力和时长给我留下了深刻的印象。也许可以从讲述他们当前的活动或兴趣开始……例如，数瓢虫，而且户外提供了时间、空间，还有专心的成人或同伴，这使孩子们涉猎的话题更广。

一个孩子回忆说，他今天最喜欢的事情是和琳达（成人）谈话。

简（成人）告诉我，她很惊讶也很高兴弗雷迪和我谈了这么久，而"他在幼儿园不会那样跟我说话"。

弗雷迪说了今天他喜欢的事情。（这是他第一次在活动结束时利用回忆时间。）

昆虫吸引了他们的注意力，因此他们今天的描述性语言都非常明显。

这比让他介绍一个关于小动物的话题更吸引人。

我计划下周带上修枝剪，也许弗雷迪可能会给瓢虫建造一个房子；我的目的不是把他拉到一边教他，而是做好准备等待机会出现。

对孩子敏感的成人预期修枝剪对孩子有用，因为孩子们对剪短长的树枝产生了越来越浓厚且持久的兴趣。计划就是"可能会发生的事情，作为成人，我要有所预见并为之提供资源"，而不是"教会所有的孩子如何使用修枝剪"。

在户外游戏

户外的独特性质使孩子们能够以自己的方式实验和游戏。怀特（White，2008：7）提醒我们，"有准备的户外环境是孩子日常环境和生活的重要组成部分，而不是一个选项或额外的环境"。户外环境让儿童体验到室内难以复制的东西，例如，大块不平坦的地形、天然的感官材料和不可预测的气候条件。这些特征有助于提高孩子的学习质量，而且，如果做得好可以让孩子们体验到许多乐趣。在这里，我们需要考虑户外对所有儿童的可及性、接纳性和参与性（Wilson，2012）。"孩子能参加活动吗？他们觉得自己是团体中的一员吗？他们能在洞穴里找到一个地方一起坐在合身的桌子旁吗？"（同上：120）儿童与户外自然世界的联系，不仅是教育的倾向，而且为相互依存的循环提供了一种必需的联系。户外游戏会给孩子们提供避风港，令人兴奋，甚至会引起恐惧。极端情绪挑战和刺激儿童，这种感觉也许在其他地方不会遇到。每一次拥抱乃至征服户外的经历都会给孩子们带来可以庆祝的时刻以及让他们感到自豪的成就。

当孩子们面对和参与户外游戏时，各种极端的反应都是可能发生的。正如戴（Day，2007：180）所建议的：

许多生物都很难研究——当它们与生活环境分开时，只有少数可以在室内存活。环境赋予事物以意义，与环境分开就会使它们与人们的生活、生物间的关系、时间的连续性，以及与我们的思想隔绝。这并不是了解环境的好方法，因为环境是关乎生命、关系、时间、联结和完整性的一切。

偶拾：树

每周到了回忆时间，其中一个孩子就会说，"爬树，爬得比筒更高""倒挂在树上荡秋千。"

值得注意的是，发生在自然环境中的持续对话，尤其是发生在地面没有被人为地处理或添加一些固定特征的自然环境中的对话。那些平时很少与其他孩子互动或交谈的孩子，似乎"在工作和游戏时超越了自己"，参与自然的数学和物理活动。作为成人的我们需要注意、参与和计划，利用他们在户外产生的兴趣来引导室内的课程，而非反向为之。"偶拾：数瓢虫"是那天早上孩子们对瓢虫兴趣的延伸活动，瓢虫在阳光下振动翅膀，成为进行数数和计算活动的自然资源，同时也激发了孩子们内心深处的关爱之情。

偶拾：数瓢虫

乔纳：看，还有一只瓢虫。1、2、3、4，如果我们再找到一只，就是 5 只了。

乔纳对内德说：我们要不要一起找瓢虫？我们再找一些来。内德：（唱）我们要去挖，挖，挖，挖，就会有 6 后面的 7 只了。

在讨论户外创造性活动时，琳达和简最初发现自己很难超越"把室内的活动带到室外"的想法。在讨论过程中，她们提出了补充户外已有东西的想法，就像"偶拾：瓢虫的语言"那样。在最后一次户外活动课上，一位新来的第一次参加户外活动课程的教师把画笔、放大镜和其他工具放在一起摆成类似扇形的样子，像我们在教室活动区的桌子上看到的那样。她的行为引起了我的兴趣。

对儿童来说，游戏通常依赖同伴之间的友谊和认同感。游戏使孩子们建立友谊，并了解自己的个人需求。非评判性的氛围可以帮助孩子克服不确定性，因为他们发展了相互之间的友谊，并在相互接纳的旅程中获得发展。路德维戈森等人（Ludvigsen et al., 2005：3）声称："最好的包容性是所有的孩子都能在一起游戏，不论他们的能力、种族背景、年龄和其他差异如何。"

精心策划的户外活动没有正确的答案或结果，应该在孩子们自己的水平上挑战他们，但作为成人，我们也许会对孩子们自己设定并达到的经验结果而感到忧虑。儿童发起的活动、假设和问题应该令人兴奋，具有挑战性，为研究和学习提供机会。班宁和沙利文（Banning &

Sullivan, 2011: 8）认为：

> 在丰富的户外环境中, 在成人很少提示, 甚至没有提示的情况下, 儿童可以忙碌一整天。要给孩子充足的时间去探索, 给他们丰富的材料去发现, 孩子和户外环境是密不可分、相互联系的整体。

察觉到的障碍和挑战

凯西（Casey, 2007: 12）指出,"参与文化对于全纳性游戏的发展非常重要"。在户外进行全纳性游戏的关键在于所采用的教学方法和为所有儿童提供的活动的可供性质量。

> 由于所有儿童都是独特的, 因此他们的游戏形式和方向也是多种多样的。游戏的种类和方式越多, 环境就越能包容具有不同能力和各种需求的儿童。
>
> （同上: 35）

游戏为所有孩子提供了真实的机会, 让每个人的个性得以发展。回忆自己的童年经历, 你会想起那些非常勇敢的时刻, 高涨的热情和充满激情的回应。你热切地参与游戏, 想要检验自己的能力, 愿意迎接游戏带来的恐惧感和兴奋感。尤其是户外游戏, 它是童年的基本组成部分。加朱洛和基尔戈（Gargiulo & Kilgo, 2011: 243）认为,"游戏是儿童的工作, 是促进包容性体验的自然机制"。儿童主动参与游戏, 发展个人素质和技能, 而且：

> 如果儿童幼年时的成长环境限制了他追随个人兴趣、记忆和经历的可能性, 那么它也潜在地限制了他通过与同伴、成人的游戏性活动而形

儿童发起的游戏和学习

成强大同一性和提高抗逆力的可能性。

(Broadhead & Burt, 2012: 48)

全纳性游戏为孩子提供了选择,有时也存在限制这些选择的障碍。打破障碍的第一步是认识和理解造成障碍的基本要素。我们必须承认,作为没有经验且对户外活动有抵触情绪的教师,我们可能会找借口不这样做,如太冷、太热、太脏、太潮湿、做防水处理太耗时间……当然,也可能是孩子的游戏超出了我们的理解,或者他们不愿意让我们加入。为什么有些孩子长大后变成了不愿意在户外停留的成人,其原因值得我们通过今后的研究去梳理。

许多人可能不知道,我们现在似乎正在经历为户外游戏提供机会的复苏运动。例如,布里斯托尔街游戏项目、伦敦的森林学校和"游牧式"户外森林课。我们认为,如果孩子们希望我们成为好玩的、善解人意的成人,在追随他们的同时给予他们支持,那么我们总会有机会展现自己的意愿、能力和意识。亨里克斯(Henricks, 2010, cited in Broadhead & Burt, 2012: 19)认为,成人往往按照常规去判断孩子是不是在"游戏",因为他们除了游戏活动本身之外,没有看到其他的结果。他们补充说,在看不到"结果"的情况下,游戏活动通常被认为地位低下……我们认为,户外游戏既可以有趣,也可以被认为仅有娱乐价值。我们有责任不断地阐明,由孩子主导的有关世界、自我和他人的户外深度学习的价值。因为孩子们在验证想法,体验哪怕是最小的获得或发现带给他们的惊奇感。我们自己也需要合适的衣服,如防水衣、靴子、抓绒衣、帽子和手套,随时准备行动、工作和游戏。

我们需要考虑设计一个包容友好型空间。以下是威尔逊(2012)和杰文斯(Jeavons, in Elliott, 2008)的建议摘要:在这里,我们必须考虑让所有儿童、员工和家长都有机会进入我们的户外活动现场或外出进行短途旅行。例如,必须将每天使用的开放性游戏材料储存或安全地存

第 4 章　为所有儿童开发户外活动的可能性

放在封闭的操场上。可能还需要携带资源和设备。如果想在户外玩更刺激的游戏，那么应当让所有工作人员、家长和孩子有机会直接进入，那些照护有特殊需要的儿童的家长和工作人员，以及带推车的家长也应被包括在内。

改造环境以提高其无障碍性，也许是开发让所有儿童都参与的户外环境的一个起点。因为身体的障碍而需要特殊支持的孩子，他们的家长似乎对有组织的户外游戏所提供的设施最不满意（Mills & Gleave，2010）。家长评论说，户外游戏空间可能不适合有特殊需要的孩子。有时候，需要对户外环境做一些改变，从而成功地开展全纳性游戏。加朱洛和基尔戈（2011：229）强调了"两个主要的关注点"——"无障碍性和安全性"的重要性。环境需要精心调整，因为专业设备和无障碍的友好型空间可能进一步将有特殊需要的儿童与其家长隔离起来。语言也很重要，我们对这些东西的称呼，可能决定了我们将如何使用它们。想一想，"残疾人厕所"和"无障碍厕所"的区别。词语影响我们的认知，第一种说法是指这个空间只为残疾人提供，第二种说法是指这个空间对所有人开放，并为残疾人提供适当的通道。重要的是，"调整应该是微妙的、不显眼的，尽量减少突出差异之处"（Gargiulo & Kilgo，2011：234）。有额外需求的孩子往往会说，他们想要增加感官游戏的机会（Mills & Gleave，2010）。如果我们不走上下的台阶，而是沿着有坡度的、蜿蜒的小路，穿过低矮的、散发着浓郁香味的不同造型的植物，那么这样的环境对所有人来说都是有吸引力的，特别是当环境中有几个弯道挡住了雕塑，或者水里有岩石或倒影时。

威尔逊（2003：244）指出，"了解儿童的残障情况，可为某些调整的适宜性提出建议"。总是依靠提供特定的环境来克服障碍可能并不现实。然而，通过创造性思维想出一些特殊的解决方案也许是可能的。有关残疾的社会模式假定"残疾人只是'关闭'了某些能力，因为社会以某种方式阻碍了他们"（Davy & Gallagher，2006：144）。提供充分参与户外活动的机会，就可以减少或消除排斥。

儿童发起的游戏和学习

表 4.1　摘自杰文斯"创造全纳性空间的建议"

无缝对接地进入自然游戏空间；道路系统	平缓分级、结实且平坦的表面；为了感官体验而有意设计的纹理和隆起物；车档、轨道、人工支撑；道路的层次——用于感知活动的空间，从较窄的道路通向更小的区域、环路、凸起和有纹理的边缘、对比色边缘。
可直接推进轮椅和推车	桌子下面和活动中有能放下膝盖的空间；可调节的桌子；凸起的槽，侧面打开就可以与其他设备连接。
停车位和残疾人停车位	休息的地方，座位。
为沮丧、心烦意乱的孩子提供安静的可用空间	面积小，远离快速路线和通道的空间；可以坐、躺、凝视、做梦或休息的半封闭的地方。
自然的小窝和狭小的空间	呈圆形或半圆形垂下的灌木枝条；开阔、可以推轮椅的路面；用可移动的原木和树枝做的临时家具；织物窗帘；连接到玩沙区或挖掘区；轮椅托盘；宽敞的树木隧道；吊床。
沙子	倾斜的，像海滩一样的边缘；倾斜的楔形物、凸起的沙盘；可移动的垫子，便于轮椅驶入沙里。
水	可移动水槽，站立或坐轮椅的人都能使用的水墙；多层的沙水区；适合所有儿童使用的水龙头和固定装置，包括脚踏板。
园艺	抬高的花坛、草莓花盆、吊篮、圆锥形帐篷、带有香味的乔木以及用于品尝的蔬菜；用来坐、倚靠和种植的干草包；土豆袋或轮胎堆。
动物及器皿	小家兔、豚鼠、鱼缸、养殖池、喂鸟器和鸟浴池。
松散性材料[1]	自然材料以及手电筒、头部手电筒、大号放大镜、双筒望远镜。
设备	秋千上的带子、斗式座椅；折叠坡道；嵌入山坡的滑梯。

来源：Elliot，2008：108–131。

---

[1] 原文是"loose parts"。它由英国建筑师西蒙·尼克尔森（Simon Nicholson）提出，是指可以被移动、拿起、联合、重组、排列、打散、修复等具有多用途玩法的材料；中国台湾有学者将其翻译为"松散部件"；中国大陆有学者将其译为"开放性材料"。本书为突出这类材料的特性将之译为"松散性材料"。——译者注

男孩和女孩出去玩

塔克和马修斯（Tucker & Matthews）研究了性别空间，而性别空间给出的是禁止的信息。佩莱格里尼（Pellegrini，2005）解释了，男孩与女孩在学校操场上活动时的体格差异。加里克（Garrick，2009）提供了考察性别游戏差异的研究视角，证明户外游戏如何为儿童提供发展个性和同一性的机会。

发生在幼儿园的一个典型"偶拾"说明了性别是如何对儿童的户外游戏产生早期影响的。女孩在户外以独特的方式玩玩具和设备并不少见，她们更倾向于在教师设定的边界之内游戏，而男孩通常喜欢在有组织的游戏区域之外进行有竞争性的体育活动。与女孩富有想象力的运动相反，男孩似乎"改变了风景""灌木丛变成了墙，树枝变成了架子"（Hart，1978，cited in Bilton，2010：158）。在这里，我们需要承认自己的观点和期望，因为我们在观察中发现，环境越自然，就越少观察到刻板的游戏。

偶拾：利用空间

我在幼儿园的户外观察孩子们的游戏。我看到有些女孩小心翼翼地在沙盘里建造沙堡，用贝壳和从附近花园里采来的花瓣进行装饰。还有些女孩在草地上玩农场动物，建造微型动物栖息地。男孩们则大喊大叫，四处横冲直撞。他们熟练地在其他孩子和设备周围来回躲避，享受着捉迷藏和追逐的游戏。也有些男孩在比赛滚轮胎，看谁跑得快，并在轮胎晃动倒地之前将它扶稳。

林登（Lindon，2001：92）研究了儿童在户外活动中的语言，发现女孩更倾向于"多说话"。参与交互性游戏可能有助于语言的发展。之前，我们看到弗雷迪自言自语并与坐在旁边的成人交谈，但这并不是教师预期看到或听到的。一个更长一点的"偶拾"也显示了亲密的社交和想象性游戏如何挑战我们对男孩游戏的物理特性的期望。

偶拾："老鼠"

林地里的小动物被留在帐篷里，教师允许孩子们在森林学校上课期间发现它们后，自己决定如何与它们游戏。几个男孩（阿奇、桑尼和西巴）把它们带到了一棵树下，那里有一个洞，还有一个长满苔藓的土丘。

阿奇：所有的老鼠都会把它吃掉的。它们不住在那里，它们在下面，它们在这里吃饭。它们生活在下面。你看到这个了吗？

（所有男孩都抱着小动物。）

这样老鼠就不会抓到它们了。是的，你懂吗？我阻止了老鼠抓到它们。阻止老鼠！老鼠会把泥土吃光的。

桑尼：老鼠会把泥土吃光的。我这里有位女士。我的小洞在哪里？

西巴：我在这里挖洞。

（托马斯给洞拍照。）

桑尼：我可以打洞，啪、啪、啪、啪、啪。

阿奇：你想玩什么？

西巴：现在到我的洞里去。这会很危险的。

桑尼：会的，西巴。

阿奇：你害怕吗？挺吓人的。老鼠晚上出来的时候，我就吓它们，但它们吓不了我。

桑尼：我会在我的洞里。你看，这很危险。这里还有个更大的洞。别进去，那里很危险（对桑尼）。不，不要把它弄宽。谁都不许进去，只有松鼠可以。

（托马斯继续拍照。）

桑尼：把洞弄得再大一点。

阿奇：啊！我挖了个大洞。

西巴：哇！非常大。我们要做一个比你更大的。我们只需要朋友，我们是兄弟。（桑尼和西巴是双胞胎兄弟。）

第 4 章　为所有儿童开发户外活动的可能性

阿奇：我喜欢大洞，桑尼。这个洞里没有鸡，只有坚果。（用不同的嗓音：我喜欢坚果。西巴，这里有蓝色坚果。我喜欢粉色坚果。我在床上挣扎。）看看我的大洞，比你的还大。

（桑尼和西巴正在铲、凿、挖。）

阿奇：我喜欢粉色坚果。你喜欢粉色坚果吗？我只喜欢粉色坚果和蓝色坚果。

西巴：我们走吧！

桑尼：这个洞很深。

阿奇：现在谁也不许进来，你可以进来。

桑尼：这里有个很深的洞。

阿奇：你手里拿的是什么？

西巴：刺猬。我们不能让它进去。

阿奇：（新的声音）你好！我是只狐狸。我不再是狐狸了，我变成了别的东西。我（刺猬）会挖吗？他有爪子。

西巴：你不能进去。

阿奇：我可以进去吗？

塞布：不要进入隧道，你会被卡住的。

阿奇：我们在挖洞，詹姆斯，狐狸在哪里？

桑尼：兔子掉进洞里了。

阿奇：它是怎么掉进来的？

游戏持续了 30 分钟。成人说，她在幼儿园很少看到这种持续的游戏，他们头靠在一起，讲述故事。

偶拾：回忆

艾丽斯回忆说："我只是和安德鲁在水坑里玩，把手弄湿了，后来还爬了树。"

081

伍兹（2016b：82）指出：

> 在儿童早期进行跨性别的行为规范对儿童来说可能很困难。凯恩（Kane，2006）认为，男孩通常觉得这是最困难的，因为他们经常会受到很多嘲笑。指导儿童的游戏或试图把游戏引向特定的方向也许是令人信服的策略。导致性别差异的根本原因，可能就在我们自己的认知中，但要发现其根源并不是一件简单的事情。在与孩子的日常关系中，这些问题不属于从业者的能力范围。更好的做法是认识到性别差异，并以此为出发点。同时，要质疑男孩天生好动的观点，因为我们认为所有好玩的学习都是主动的。

在不分性别的空间中最好使用支持性语言。耶兰（Yelland，2003：154）讨论了"带有性别标签"的区域如何强化"性别刻板化"。成人认识到他们的语言在促进全纳性游戏中的重要性，这包括口头表扬。奖励孩子有助于营造积极的户外游戏氛围，帮助孩子形成已经接受的"什么是可能性"的观点。"男孩就是男孩"与喧闹的游戏联系在一起，这暗示着"女孩就是女孩"，与男孩不同，较少喜欢运动性游戏。家长在支持性别友好型游戏（gender-friendly play）方面发挥直接作用，其作用不仅体现在他们的态度上，还体现在他们提供的玩具、设备和活动范围，以及他们给孩子穿的服装上，使其能够进行户外游戏。穿裙子的女孩可能会因为爬树或者参与打闹游戏而感到不舒服，因此最好是让女孩穿结实的、有弹性的衣服，让她们像男孩一样运动和玩混乱的冒险性游戏。你要轻松地和家长谈论这件事。

多样化的需求

种族对户外活动有影响，研究表明，种族的地理集群与进入绿色空

第4章 为所有儿童开发户外活动的可能性

间的机会减少有关（CABE[1]，2010）。黑人和少数族裔群体在空间使用上与其他群体有差异，他们通常利用户外活动来"建立社会联系"，而不是"锻炼"（CABE，2010：14）。这可能会对孩子们充分享受外部环境的意愿产生影响。

医疗需求也可能阻碍儿童最充分地享受户外活动。合理的做法是保护孩子免受现实中担忧的事情影响，保障他们的健康。把孩子暴露在极端的温度下，暴露在花粉含量高的空气中，或忽视他们每天的健康状况都是鲁莽的做法。要解决这些具体问题，采取明智的预防措施以及对成人进行医疗培训都是必不可少的。无论如何，应该对每个个案都进行单独而持续的评估，以确保儿童有最充分的户外活动机会。有趣的解决方案能让孩子们有机会拥抱户外，这使我们有必要思考如何提供基本护理。用树荫保护孩子免受自然因素的影响，我们与其考虑做人造的树冠，不如考虑种一片树林获得真正的树冠，或者让孩子们躲到防水油布做的洞穴里遮阳。把脚趾浸入溪水中让身体降温或者采一片树叶来扇风，都会给我们带来自然的选择和愉快的体验。这些活动要让儿童在心理上感到安全，同时也是可获得的、包容性的和参与性的。凯西（2010：30）建议我们考虑儿童的如下方面：应对压力；感官超载；暂时脱离；想要靠近别的孩子但又不想跟他们有紧密的身体接触，或对更舒展地使用身体的真实需求。身体的、社会的和情感的倾向都有助于孩子形成对世界的看法。额外的损伤也可能影响孩子们对世界的看法。我们不应轻视儿童游戏的能力和愿望，根据自己的喜好选择活动的能力，以及考虑和管理风险的意愿。

---

[1] 英国建筑与建筑环境委员会（Commission for Architecture and the Built Environment）的英文缩写。——译者注

儿童发起的游戏和学习

室内和室外

全纳性户外空间对有特殊需要的儿童尤其重要,因为户外"提供了室内也许无法复制的独特机会"(Kein et al.,2001:74)。对孩子来说,户外活动可能是具有挑战性的,甚至是有风险的。成人常常根据自己的经验评估孩子可能面临的风险。对开展全纳性户外活动的风险不加以考量的做法是愚蠢的。其实,我们可以采用循序渐进的风险管理方法,让成人逐渐积累经验和自信。一旦有了自信,他们就会切实地支持孩子。

考虑有特殊需要的儿童参加户外活动的风险,可能会使风险问题模糊。"残疾儿童有时被过度保护,被不必要地关在家里"(Ouvry,2005:21)。保护易受伤害的儿童免受在户外可能遇到的危害是家长和教师很现实的担心。林登(2011:50–1)提醒人们注意对"可接受风险"的判断,并强调"不能因为是残疾儿童就剥夺其(跟普通孩子一样)体验童年时摔倒的经历"。

应对风险的现实方法,特别是对于我们最脆弱的孩子,会随着我们的理解而改进。如果我们让成人增强信心并做好准备,扩大为儿童提供活动的范围,对各种可能性保持警惕,我们就要说"知识就是力量"(Knight,2011:115)。即使是极端冒险的户外活动,比如轮椅绕绳下降、高空滑降和划独木舟,也有实现的可能性。

偶拾:对游戏的看法

我还记得一位家长看到孩子膝盖上的瘀伤时做出的反应。戴维有严重的多重学习困难,我们巧妙地安装了一个装置,当他躺在上面时,他可以通过踢腿推进。尽管我们在他身上绑了护膝和护肘,但是我们没有考虑到他柔软的皮肤还不习惯这种体力消耗。作为工作人员,我们对他妈妈的反应非常紧张。她的反应很有启发性:"别担心,这些是他永远不会有的因踢足球而造成的瘀伤!"

第 4 章 为所有儿童开发户外活动的可能性

偶拾：绕绳下降

看到詹姆斯被绑在轮椅上从悬崖顶端降下来时，我很害怕。高度对我来说一直是个问题，即使是看到稳固的绳索和两边站着训练有素的攀登者也不能让我放心。詹姆斯微笑着，发出咯咯的笑声！我热心的同事（活动的组织者）送给我的相框里的照片是一个珍贵的提醒，也是在向我示范如何扮演好支持孩子户外活动的角色，无论这个机会多么极端、艰巨和具有挑战性。

在保障儿童参与户外游戏方面，成人发挥重要的作用，这对有特殊需要的儿童来说是夸张的。但若损伤降低了儿童独立进入户外的能力，那么成人的干预是至关重要的。加里克（2009：64）指出，成人需要积极主动地推广全纳性户外游戏。有额外需求的儿童往往需要成人充当赋能者。在成人提供支持和尊重孩子独立性之间取得和谐是建立关系的关键。迪肯斯和登齐洛（Dickens & Denziloe，2003：14）认为，成人需要平衡"干预"的程度和"准备撤退"的时机。我们对孩子越了解，就越能被他们引导，这样的冒险就是一次共同的冒险。因为他们知道自己的能力如何，我们知道自己可以在多大程度上放手。瑞吉欧·艾米莉亚的实践很好地反映了这种方法，那里共同建构的风气对教学实践具有支持作用。

在户外，孩子们似乎能更加独立、更有想象力地游戏和学习，对成人的需求也有所减少。这就会形成一个真空地带，成人要么觉得需要对孩子的游戏进行干预，要么想去推翻他们的玩法。因此，成人要小心地管理好自己的日程表，否则可能会与孩子追寻的自由和愿望相冲突。这个问题已经在第 3 章中探讨过了。当成人面临课程要求或安全问题方面的压力时，他们在师幼关系中可能会过多地动用权利。当活动受到限制时，对那些需要户外活动自主权的孩子来说，他们的游戏往往会不稳定。成人可能不知道如何与已经展现出自己的学习进程和兴趣的儿童一起游戏和互动。他们的兴趣也许只是躺在一棵树下凝视、嗅、观察、倾听，这似乎可以持续几小时。对那些对孩子负有特殊责任的成人来说，这种不同的关系会带来不确定性："我该如何加入？何时加入呢？"成年照护者和有特殊需要的孩子之间需要在新的水平上建立信任。成人需要重新调整自己以往对孩子独立程度的认识，相信孩子有适应新环境的能力。你并不一定要急于迎接新的挑战。让孩子逐渐地学会独立，可能对成人和儿童而言是最具有支持性的方式，也是最温和的方式。

偶拾：有时你做，有时你不做

户外活动对迈尔斯来说是不可捉摸的。在一天中最困难的时候，你会看到他拒绝穿外套，脱掉鞋子，并朝教师说"不"。教师讲多少好话都不能说动他去户外探险。当天晚些的时候，你又会发现迈尔斯迫不及待地想要出去玩。他是如此急切地想出去，以至于没穿鞋就光脚跑出来了。他时而大声地笑，时而轻声地笑。这个时候，迈尔斯会诱使教师跟随或追逐他，一边跑，一边回头偷偷地看教师是否在追他。

总有一些孩子不愿意参与户外冒险活动。我们以前与自闭症儿童的接触尤其证明了儿童对户外的极端反应。户外多变的自然环境经常吸引着孩子们，然而，就像上述"偶拾"中的迈尔斯一样，有时候有些人不愿意接受这个邀请。"对一些幼儿来说，户外时间代表了一天当中最孤独和紧张的时刻……他们在一旁观察，但是不能完全参与"（Wilson，2008：79）。认可这群孩子的需求可能会让某些教师感到棘手，他们试图哄骗孩子去体验他们最终也许会喜欢的东西。然而，孩子们最初的不情愿可能会阻止他们与这些事物建立联系。把户外活动带进室内，对这部分孩子适应户外肯定会有帮助。在室内有原木、树干和树枝，在防水油布上铺沙子、砾石和树皮，创设类似洞穴的安静空间，而不是大的、原色的、柔软的塑料玩具，这多么令人兴奋啊！当孩子们到户外探险时，教师可以把他们喜欢的玩具藏在树枝和灌木丛中，或沿着狭窄的小路去安静的地方，以此来吸引孩子。在室内简单的捉迷藏游戏中可以很容易地练习技能。支持孩子也许只需要认识到他们的需求，并为他们提供安全的避风港。

开展日常户外游戏需要教师理解游戏的本质，拥有关于游戏本质的共同哲学认识。游戏时间通常被认为是自由游戏的时间。我们需要明确的是，如果有些孩子的游戏技能有限或者不愿意游戏，我们就需要鼓励他们，但这不应该与儿童"选择不去游戏"的权利相冲突。然而，我们需要注意"不想游戏"和"还不会游戏"之间的区别。德克莱恩和奥多姆（DeKlyen & Odom, 1989, cited in Nabors et al., 2001: 183）指出，"教师调解的游戏"（teacher-mediated play）是支持性的，通常包括策略和干预，如伙伴系统（buddy systems），成人和同伴通过示范将游戏和活动的范围从熟悉的扩大到不熟悉的。所有的这些设计都是为了促进全纳性游戏的开展。

友好型的全纳空间

只进行物理上的调整是不够的，成人还需根据孩子情感上的变化做出积极的转变，也有必要采取包容的理念。

通常，无障碍的环境既取决于物理层面的设计，也取决于社会层面的包容性和资源的丰富程度。工作人员和管理层的态度是至关重要的，它决定了在任何服务中，特别是户外课程，是否将残疾儿童考虑在内。教师要意识到户外游戏的重要性，认识到自然和自然元素的价值。幼儿园中自然元素的规模不需要很大。它们也许很小，但是往往具有很大的作用。

（Jeavons, in Elliott, 2008: 129）

大多数残疾儿童的家长认为，"他们宁愿自己的孩子在游戏中遇到可接受的风险，也不愿被排除在外"（ODPM[1]，2003：39）。从"我们可以做到"这个想法开始，在面对挑战时，问别人"为什么不呢"。家长、照护者和教师之间建立一种伙伴关系，形成对全纳性户外游戏的共同理解，提供共享的户外活动机会，这些都是必不可少的。"童年时游戏时间的多少与成年后的幸福感有关"（Rogers et al.，2009），儿童的"压力水平会在户外活动的几分钟内降低"（National Wildlife Federation，2010：8），这些都是重要的研究发现。尽早开始并增加孩子在户外游戏的时间，可能会对他们的健康和快乐产生深远的影响。

当我们试图提供具有冒险性、探索性和体验性等特征的全纳性户外游戏时，每个人都需要形成共同的理解。特别是残疾儿童，需要有凝聚力的团队支持和促进高质量的户外活动，从而帮助他们发挥自身的潜力。在成功的全纳性户外活动中，每个人都有自己的角色，每个孩子都是独一无二的。

凯西（2010：30）强调，"全纳性游戏环境应该足够灵活，以满足孩子的游戏愿望，而不是让孩子适应环境"。一个重要的因素是，空间给孩子和家长带来了什么样的感觉（ODPM，2003：31）。询问孩子们想要什么，并利用他们的洞察力帮助我们创设友好型的全纳空间。在儿童无法为自己说话的情况下，要确保那些代表他们说话的人了解儿童的需求和兴趣。使儿童感到激励和愉悦的活动，有时与成人认为对儿童必不可少的活动可能是相反的。不考虑儿童的安全，仅让儿童取乐可能会威胁儿童的健康，影响户外经验的可供性。要支持和提供和谐的户外游戏环境，成人面临的挑战是使二者平衡。热情的教师应该"与家长和其他与孩子一起工作的人共同识别、捕捉和分享孩子的户外学习经历，这样他们才会热情高涨"（White，2008：8）。

---

[1] 英国副首相办公室（Office of Deputy Prime Minister）的英文缩写。——译者注

第4章 为所有儿童开发户外活动的可能性

偶拾：热爱户外

在本周的林地课程结束时，三个孩子都想回到房子里拿泥人，他们想把它们带给自己的家长看。一位父亲曾经说过，他感到非常幸运，因为他的儿子每周都有机会和我们一起在户外玩一次。另一位家长来接儿子，并说他们要带着学步儿妹妹去别的树林里举办生日派对，因为他非常喜欢户外活动。

思 考 题

- 你最后一次以孩子的高度在户外爬行或者走边沿是什么时候？你能看到什么？听到什么？感觉到什么？那里有没有孩子们可以游戏、躲藏、发现和想象的"秘密"区域？所有的空间都向儿童及其照护者开放吗？
- 当你说天气太冷、太潮湿、太热的时候，那是为了你自己还是为了孩子们？和你的同事们坦诚地谈谈你与孩子们一起在户外做的真正喜欢和不喜欢的事情？迈出一小步，为自己寻找一些可能性。
- 问问自己，你知道哪些支持全纳性户外游戏的方法？比如瑞吉欧·艾米莉亚或者森林学校。想想这些方法中的共同点，它们对实施全纳教育有什么影响吗？
- 你与同事或管理者对"可接受的风险"的理解有没有差异？这些差异对你创设全纳性户外环境的能力产生了什么影响？
- 我们表达了"户外游戏并不是复制室内活动"这一观点，它与"把室内带到室外"在原则上是完全不同的。想一想，你在哪些课程领域有信心利用户外活动来支持儿童的学习。还要思考一下你目前觉得有困难的课程领域，你会如何培养自己的自信，改善自己的能力呢？
- 你从哪里获得开展全纳性户外游戏的灵感？你会如何激励、引导他人，并给他们赋权呢？

第5章 为冒险性游戏的可能性而规划

本章的哲学方法深受作家和游戏评论员鲍勃·休斯（Bob Hughes）的影响，他有关游戏工作原则的思考带给人们启发。我们认为，早期教育工作者对游戏问题的思考可以借鉴他的方法，一定会有所收获。有关游戏的工作与童年时期的游戏与其说在原则上有分歧，不如说两者在处理冒险游戏时存在着协同作用。从历史上看，早期教育工作者在计划有身体接触的活动时，更多地遵循预防原则。尽管如此，越来越多的迹象表明，受到如森林学校等方法的影响，这种情况正在改变。改变的原因是人们接受了，承受风险本身就是普遍的、基本的儿童游戏心理。休斯（2012）描述了"游戏的进化本质"。他认为，历史上的儿童总是在野外环境中生存、生活，也就是说人类总是不得不面对危险，因此承担风险是儿童发展的正常组成部分。格雷（Gray，2013：119）认同这一观点，"从生物进化的角度来看，游戏是自然界中年幼的哺乳动物（包括人类儿童）通过练习掌握自己发展和成长所需技能的途径"。然而，游戏中正常的风险往往会因游戏潜在的危险而受到挑战。需要进一步澄清的是，风险与危险之间是有联系的，这可以帮助成人理解、警觉和接受风险，将之视为一种正常现象，而不是把它当作儿童游戏中的不正常现象。当孩子们没有意识到风险的存在而冒险时就会出现危险。休斯评论道：

第 5 章 为冒险性游戏的可能性而规划

> 我会把风险定义为孩子能够意识到的那些物理环境，参与其中就可能会导致身体受伤。风险重要的显著特征是孩子能够意识到那里存在风险。另一方面，当孩子没有意识到风险或对风险的性质一无所知时就会有危险。
>
> （2012：312）

在这一章，我们鼓励成人允许儿童更多地参与开放式游戏，增强成人的信心，为儿童在游戏中的冒险进行规划。通过本章的讨论，我们希望说服成人相信游戏的好处，同时消除他们对于安全要求可能存在的错误认识。最后，我们希望转变成人对儿童承担风险能力的认识，这将使他们对自己的决策有信心，为儿童在游戏中面对更多的风险和冒险的可能性做好准备。

当前，大量围绕风险认知和风险实践的争论都在探讨风险对成人的角色有多大的影响。韦特、哈金斯和威克特（Waite, Huggins, & Wickett, in Maynard & Waters，2014：81）认为：

> 我们质疑同一时期内有关童年风险的不同概念的讨论。我们认为，如果以固定的视角看待普遍的儿童，就不能认识到情境的混乱性和复杂性，不能认识到不同的文化和个体对待风险和安全的不同反应。

本章是对前一章内容的回应，同时思考规划冒险性游戏的可能性。通过一系列案例激起成人对现行做法的反思，更重要的是要想出一些新方法。我们希望从这一章开始，提供一些令人耳目一新的方法。这或许能给你提供更多的灵感，从而为儿童规划蕴含更多风险的游戏空间。我们期望在本章揭开围绕健康和安全实践的一些"神话"，它们常常限制成人为孩子参与活动所做的准备。同时，这也引发了人们对当前的成人实践和干预具有影响作用的"足够安全"和"安全至上"两个原则的辩论。

在游戏中，允许孩子遇到风险，这是一个相当有争议的话题，常常被成人误解。因为组织规则会对成人施加压力，要求他们减少甚至消除让儿童进行身体冒险的活动。组织对看得见的空间和看不见的空间、活动场地的地形和材料的使用都有规定，这对成人在组织游戏活动时冒险进入未知领地和视域提出了挑战。然而，给成人带来压力的不只是幼儿园，也有家长。作为从事早期教育工作的成人，我们要"站在家长的立场"，成为照护对象的守护者，以"理性的家长"可能做出的判断作为基准来开展工作。然而，正如吉尔（Gill，2007：63）指出的那样，当今的育儿文化期望，孩子在大部分的时间里受到某个人的管理和控制，进而促使高水平的照护成为规范。因此，教师面临着双重压力，他们必须接受要求规避风险的组织规定和焦虑的家长向他们提出的双重要求，而不是自己做出的专业判断。规避风险的文化和观念为我们如何为孩子计划游戏，设置了非自愿的条件。在目前强调规避风险的风气下，成人在计划活动时面临的两难问题是：活动必须有利于儿童，要具有启发性和挑战性，同时要确保结果几乎是零风险。这是一个巨大的挑战！因此，我们需要考虑如何在安全与风险之间取得平衡，在妥善管理风险的框架内，为儿童创造在我们称之为"足够安全的环境"中活动的机会。

也许，你所在的组织已经开始了这一行动，或许还在考虑如何开始提供更具冒险性的游戏场景。本章即将提出的建议就是，在你认为合适的范围内，或多或少地提供冒险性游戏。关于游戏中可能性的计划，以及随之而来的有关风险和安全问题的决定，将取决于组织、儿童的年龄和手头的资源情况。决策还受到组织的文化和理念，关于风险管理实践的认识和方法等因素的指导和约束。冒险不是看着一个孩子自信地爬上一棵树，冒险首先是孩子愿意停留在树林里。

因此，对风险的认识和意识，在某种程度上是由儿童所具备的有关

第 5 章　为冒险性游戏的可能性而规划

某种情景的知识和经验预先确定的。这些知识和经验将帮助个体根据自身的信心和意识水平做出驱动或排除某项活动的决定。根据这些知识，我们提倡计划冒险性游戏的第一条原则是，把儿童在决策过程中的自主权视为其在游戏活动中采取适当行为的先决条件。这对自我调节能力的发展非常重要。允许孩子在游戏中自主做决定是最为重要的。当我们观察冒险性游戏情境时，并不总能知道孩子掌控危险情境的潜力。因为我们无法进入孩子的大脑，控制他们的思维过程，更无法评估他们的能力。其次，观察儿童冒险可能会导致我们错误地假设某种情况，这可能并不总是适合或有益于儿童的经验，因为这可能会限制他们的能力阈值。因此，在游戏情景中，儿童需要学习适应和应对不同的环境。让儿童不受成人的干预，通过自主承担风险来学习如何处理和控制风险是极其重要的。对成人来说，放手不是一件容易的事情。因此，儿童在游戏中承担风险的责任越来越难以实现。规避风险本身增加了成人对决策后果和可能被起诉的恐惧，抑制了成人考虑多种计划的冲动。成人对儿童健康和安全的担忧进一步表明了这一点，而媒体对危险和安全事件的负面报道和放大又加剧了这种担忧。因此，孩子们被剥夺了从事任何冒险活动的机会（Furedi，1997）。总之，媒体的大肆宣传以及成人对健康和安全法规的误解，即认为安全比冒险的收获更重要，都阻碍了游戏中正常的冒险行为。围绕儿童与安全问题的辩论，已将游戏中的安全问题放在优先和中心位置。通过这一议程的作用是减少成人在计划方面的行为，后果是孩子们失去了自由地与风险"谈判"的机会。下面的讨论将提供证据，证明儿童具有风险承担能力，因此成人应有信心允许孩子们既有机会承担风险，又享有自主权。游戏中缺乏与风险"谈判"和挑战的机会，这对儿童的影响不能低估，因为没有独立于成人做决定的机会就会减少儿童潜在的发展。维果茨基（Vygotsky，1978）的最近发展区理论讨论了孩子们得到更有经验的人的支持时所获得的学习的可能性。但更重要的是，它展示了孩子们可以独立做什么，以及他们的潜力，这是受他们的本能和独立决策引领的。

根据我们的经验,如果孩子觉得自己能爬上这棵树,他们就会去爬树。因此,在开始爬树之前,我们不妨鼓励他们考虑一下自己能否从树上爬下来,在他们攀爬之前建议他们"看一看,你可以怎么往下爬"。

偶拾:躺躺树

我们第一次访问千禧林地,是为了评估学前森林学校的环境。我们发现那里所有的树木都不成熟,只有极少数树木的高度达到4米多,而且它们还没有长出适于攀爬的低矮枝条。在树林的下面有一块较大的空地,周围是一堆堆的灌木枝和小树。我们发现了一些有可能攀爬的地方。在第一次活动时,一对双胞胎很快找到了一棵树,它的树枝很低,只要把脚抬起来就可以爬到离地1米多的高度。于是,他们设法躺在树枝上仰望天空。男孩们把这棵树命名为"躺躺树"。当每次活动开始时,这棵树就成了所有孩子的目标。

偶拾:爬楼梯

有一个孩子从9个月左右会爬到成为5岁左右的幼儿,上下楼梯时总是需要有人陪伴以防自己从楼梯上摔下来。这些年来,楼梯一直在那里,但这个6岁的孩子对自己爬楼梯还是没有信心。

一代人之后,又有一个9个月大的孩子,现在他已经能安全地爬行了。成人鼓励他爬楼梯,教导他从楼梯上下来时要转身,用双手减慢或加快爬楼的速度。他刚学会走路,父亲就耐心地等待着他,看他爬上楼梯和从楼梯上下来。如此反复多次,直到孩子能够独立、安全地走上楼梯。

克里斯滕森和米克尔森(Christensen & Mikkelsen,2008)认为,儿童确实会根据自我感知和自己的身体能力认真地评估风险。斯蒂芬森(Stephenson,2003)对两岁以下的儿童进行观察发现,即便是更小的儿童也会表现出冒险能力,而且冒险活动其实是增强儿童体能所不可或缺的。

梅、阿什福德和博特尔（May, Ashford, & Bottle, 2006:51）声称：

如果一个孩子要成长为一个自信的成人，那么他在运动方面的发展就显得尤为重要。这是成长的一部分，因为孩子不仅要了解自己的身体能力，还要了解自己在空间中的生活，自己在物质世界中的位置，以及自己与他人之间的关系。

森尼格（Senniger, 2000）将儿童承担风险的过程描述为"学习区模型"（learning zone model），类似于维果茨基的最近发展区。承担风险的能力是一个逐步发生的过程，在这个过程中，孩子逐渐离开舒适区，追求越来越有挑战性的活动。在前面的"偶拾"中，有人认为，有风险的逆境创造了一种令人缺乏信心和感到无能的环境，导致孩子们容易在日常生活环境之外发生事故，第二个"偶拾"更有可能支持儿童对风险的管理。吉尔（2007, cited in Knight, 2011: 4）认为，这种学习是至关重要的，因为它：

1. 帮助儿童学习如何管理风险（了解安全）。
2. 提供合理的风险，满足儿童天生的冒险需求，以免他们自己去发现未经管理的更大风险。
3. 对健康和发展有益。
4. 塑造性格和个性，如适应力和自立自主。

任何游戏计划都需要考虑成人的角色和儿童在游戏情境中的能力。其次，要考虑允许儿童在游戏中进行更多自主冒险活动所带来的好处。在计划游戏时，更多支持新方法的原则与我们对环境、材料和儿童在游戏中被允许的自由程度的规定有关。

在游戏中，通过深度沉浸、集中注意力和参与游戏，冒险给儿童带来身体和心理上的挑战，有利于他们的身心健康（Laevers，1997）。专注而投入地游戏激发更深层次的游戏情节，是创造性和冒险性游戏所需要的特定属性，因为对自我的挑战就是冒险的主要目标。游戏会进一步鼓励和刺激儿童的心理和身体功能，即对他们所有的感官和身体特性，如视觉、触觉和意识提出要求，而这些是冒险行为的关键。进一步的研究表明，游戏对促进儿童神经结构的发育具有支持作用。神经学家认为，儿童在游戏中会有意识地探寻身体和感情上的不确定性。游戏情境中的不确定性不仅有助于培养儿童的情感，如恐惧和兴奋，还刺激了大脑中的动机和奖励区域，为进行更多的发现学习提供了动力（see Sutton-Smith，2003；Burghardt，2005）。在情绪层面上，具有挑战性的场景会使儿童产生一系列情绪，达马西奥（Damasio，2003）回忆说，这些情绪是原始的基本情绪，包括恐惧、愤怒、惊讶和厌恶，它们是高风险类游戏所需要的。通过观察儿童在不利条件下的行为表现，测试他们的抵抗力和追求成功的韧性，也会鼓励儿童形成抗逆力。因此，儿童似乎天生就会寻求挑战，以测试自己的极限和能力，从而使自己在反应性、适应不同的挑战性情境方面继续进步。早期教育工作者不应该害怕或反对儿童天生因"头脑发热"而去冒险的冲动，而是应该欣然接受它所带来的好处。

更多时候，在为冒险的可能性进行规划时，我们需要在风险管理的做法、对风险的态度以及游戏材料的提供等方面进行文化上的调整。这也需要在控制程度和孩子的自主性之间采取一种更为温和的路线。纽斯蒂德（Newstead，2008）认为，成人经常采取"核方法"来阻止孩子冒险，因为他们担心孩子如果玩冒险性游戏就可能会导致事故或他们被起诉等后果，其中的"如果"带有负面含义，这就是"如果综合征"。我们的论点是，对被起诉的恐惧是妨碍教师向儿童提供更多冒险性游戏活动的主要因素之一。成人过于关注风险评估，以至于忽略了建立风险的基本要点，即人类识别风险的能力与应对风险的能力之间的关系，而不是风险本身。成人的责任是向儿童示范合理的、可行的和足够安全的做法,把"如果"变成一个积极的暗示,而不是消除一切风险。奈特(Knight,2011:106-7)在她的五步法中强调了风险收益的概念,而不是规避风险:

1. 识别危险。
2. 确定谁可能会受到伤害以及如何受到伤害。
3. 评估风险并决定你的行动和预防措施。
4. 记录你的发现并加以实施。
5. 回顾你的风险评估。

她引用了英国教育和技能部(2007)提到的"合理冒险",表明:

> 负责任的成人已经认识到了风险,检查了危险,权衡了事故发生的可能性及其可能造成的伤害的严重程度,并采取了适当的行动。剩下的是这样一种经历,即对参与其中的儿童的年龄和发展阶段来说,风险是合理的。

(Knight,2011:103)

宝物篮就是一个很好的例子,它为婴幼儿提供了一系列有趣的物品,让他们用自己的方式和时间去探索。敏锐的成人会观察孩子看到它时的反应,他们选择什么,回头取了什么,以及因感觉、形状或口味等因素会拒绝什么。非常小的孩子可以通过玩宝物篮发展自己的感觉图式,闪亮的物品、自然物、能滚动的物品、适合装到其他物品中的物品,以及可以发出声音的物品,都能帮助婴幼儿在对物体的感觉与物体的外观之间建立联系。这些物品都不是买来的玩具。观察婴幼儿玩这些物品时全神贯注的样子,有助于我们认识到,我们拒绝给孩子提供那些标有"仅适合三岁以上儿童"的玩具材料，可能会让我们所做出的"安全"选择显得有些狭隘。我们不提倡给孩子提供不安全的东西，比如尖锐的、小到足以吞下的或易碎的东西。但不妨在宝物篮里放三样生活中常见的物品，比如小刷子（用于在油酥面团上刷蛋液、牛奶等）、气球状手动打蛋器和让小婴儿着迷的连接链。

成人要做出确定的选择，避免让孩子们使用有潜在毒性的材料，比如闪粉或聚苯乙烯，因为小宝宝总是用他们最发达的肌肉——嘴来测试东西，这和安全地使用剪刀等工具是不一样，孩子们能够理解如何小心地使用它们。我们不应该剥夺孩子们在机械、设计和制造方面成为独立而有创造性的人的机会，可以把使用锤子、螺丝刀、锯子、修枝剪和剪刀作为其日常经验的一部分。

托维（Tovey，2007）解释了风险关系的转变，即从风险评估转向"抗逆力和保证安全的技能"，并在游戏过程中引入安全和计划审查，以允许风险可能性的存在，而不是阻止风险发生。环境应该是安全的，"安全地承担风险，而不是因没有风险而安全"。这可以通过计划来实现，允许使用多样化的地形、材料，并在足够安全的环境中体验不期而遇的事物——在这里，我们可以将"风险"理解为可能性。在这一章中，我们的目的是告诉人们，成人在计划和评估冒险性游戏准备情况方面的反思多么重要，它可以帮助我们维持和增加冒险性游戏的可能性。在第 4 章的基础上，本章特别关注冒险性游戏环境，尤其是户外的冒险性游戏环境，我们的探索将从"如果……将会怎样"开始。

成人在对冒险性游戏的可能性进行规划时，可以从用新的视角审视物理环境开始，比如空间和物体的数量、附近的景观类型。成人不妨想象一下，环境会如何给儿童的游戏提供各种可能性，使儿童充分利用室外景观和室内空间，沉浸在各种游戏场景中。无论游戏场景有多少种，成人都应该考虑孩子们使用材料和空间的可能方式。最终，成人或许永远无法想象或创造出孩子们最终创造的东西，不知道儿童可能会如何使用环境，但这种不确定性是可以接受的。在为冒险的可能性进行规划时，我们应把重点更多地放在环境的可供性上，即户外环境或特定的资源可能引发的活动，例如，使用老树桩、原木或岩石可能会引发攀爬、滑行、平衡、跳跃、躲藏等活动。重要的是，儿童使用空间，与材料互动后对其性能的认识，决定着他们后续的行动，以及与环境相互作用的方式。这会引发儿童玩法的多样化，使冒险性游戏有可能出现。在计划冒险性游戏时，最重要的考虑因素是，在考察整个场地中的空间和材料时，尤其是高度和深度的变化时，成人要鼓励儿童采用新方法。

要增加游戏的可能性，场地的地形变化是必不可少的。正如吉布森（Gibson，1977）所说，平坦、空旷的空间为游戏的类型提供"极少的可知度[1]"，仅带有一个冒险因素。因此，首先，成人需要确保户外环境中的场地是足够多样化的，儿童可以在其中测试他们身体的技能和机能，如力量、平衡、协调性、灵活性和耐力。同时，通过不同的地形支持儿童空间意识、解决问题等心理能力的发展。儿童适应了不确定的地形，意味着他们接受了不确定的空间和材料带来的挑战。挑战儿童的身体、心理和地理的极限，可以促进儿童潜在的发展。对成人来说，将环境中不同高度和深度的空间和场地进行延展，可能需要突破以前的地理边界和心理边界，创设附加挑战性的地形。下面的表格概述了当代作者所考虑的各种场景特征。

表 5.1 户外地面

- 斜坡、小山；长满草的河岸；土堆；不平坦的地面（Casey，2007；Garrick，2011；Young，2011；Watts，2011；Tovey，2011，2013）
- 地面凹陷（Casey，2007）
- 转角（Watts，2011）

---

[1] 指知觉行为的可行程度，反映的是知觉行为与环境特性之间的关系。知觉某一对象的可知度，就是学习它的意义以及了解下一步知觉行动的可能性。——译者注

（续表）

- 软席子（Garrick，2011）
- 小路；长满草或其他植物的小路；蜿蜒的轨道（Garrick，Young，2011）
- 树皮屑（Bilton，2005）
- 木板（Garrick，2011）
- 垫脚石（Garrick，Curtis，& Carter，2003；Watts，2011）
- 隧道（Garrick，2011；Tovey，2011）
- 壕沟（Tovey，2011，2013）
- 软土（Spencer & Blades，2006）
- 大石头（Casey，2007）
- 小鹅卵石；碎石（Bilton，2005）
- 拱门；藤架（Young，2011）

来源：伍兹，2016b，124。

它也许提醒我们，平坦的混凝土或柏油路面会增加孩子们奔跑、跌倒或被推倒的风险，宽敞的草地会鼓励孩子们进行激烈的球类运动，但在那里同样也会发生奔跑、跌倒或被推倒等有风险的事情。小事故在任何地方、任何情况下都会发生，包括在狭窄的教室里，因为在这样的环境中活动，你得与桌子、椅子和设备相协调。

以这种开放的新方式规划户外环境，最初可能会让你觉得有挑战。然而，它给儿童带来的好处是，让他们体验到了更富有变化的地形，使儿童产生丰富的、多样化的行动和态度，也给他们的活动带来了巨大的可能性。同样重要的是，正如第1章所建议的那样，观察一下你创设的室内空间，进而促进灵活的室内游戏发生。看看孩子们可以在哪些地方安全地移动不固定的设备或资源；想想孩子们喜欢在哪些秘密的、有趣的地方聊天和想象；审视地面和桌面活动，以及障碍物之间容易移动的空间。以"儿童的高度"在室内空间爬行，这可能会启发我们给儿童的游戏创造机会。

当孩子们与具有挑战性的场地互动时，他们所做的决定来自自己的头脑，而非成人的头脑。比如，他们会问自己这些问题：我应该用这个做什么呢？我该怎么用它？我会掉下去，被困住吗？我能逃脱吗？我是否足够强壮、高大或小巧去推动、够到、挤进去？我能成功地挑战这个物体或地形吗？

这些问题和挑战都是成人无法规划的，因为每个孩子都以非常独特的方式使用空间和材料。为这些可能的问题进行规划，在这里显得很重要。孩子们学习如何应对和操纵环境，如何让自己成为环境的一部分，如何与环境共处和对抗，但总的来说是掌握和控制环境。提供地形多变的自然场景，让儿童体验不同水平的、大小错落的空间，就能引发他们无限的想象。身体和心理的感觉能激发他们的创造力和想象力。改变环境的地形也许是一个挑战，成人可能会对此产生怀疑和担忧，并表现出一些犹豫和不情愿。孩子们需要感受不同高度的地形，用脚踩踏脚下的地面，用手操纵自然材料和人造材料。他们需要体验高度和运动，从缓慢、稳定的节奏到快速、令人兴奋的节奏。通过使用不同的地面，以及放置在地面和高于地面的物体，孩子们学会了与不同的地形"协商"，对不同的地形做出不同的反应和行为。在这些更具挑战性的游戏活动中，可能会发生小意外，也许是一点擦伤、轻微的摔倒或一点小磕碰。这些小意外并不一定是坏事，因为这有助于孩子们学习如何与物体重新"协商"，学习如何更成功、更有效地使用它们。在游戏环境发展的这个阶段，成人必须权衡利弊，在为孩子提供更具挑战性的游戏时，要认真考虑是否利大于弊，这是专业判断。休斯（2006）认为"世界充满了规则"，我们需要自由地尝试新经验。减少游戏中不必要的规则，有助于儿童拓展身体、心理和情感特性。为了化解承担风险和可能受伤这个两难问题，对早期教育工作者来说，必须通过他们的组织政策和实践使轻微伤害合法化。同时，向家长解释，在生命早期学到的教训可以使儿童了解自己的优势、弱点和能力，使他们以后免遭更具破坏性的伤害（see for example Ball，2002；Gill，2007；Hughes，2012）。将儿童游戏中的轻微伤害合法化,需要成人采取大胆的、开拓性的方法应对风险,对可能偶尔导致轻微伤害的危险情况进行计划。总体而言,这些益处勉励我们积极发挥冒险性游戏有益于儿童健康和发展的积极作用。自然场景中不可预测的地形给儿童提供了以不同的方式测试和体验风险的机会,否则孩子们将无从获得这样的体验。这样的地形也为成人提供了新的挑战,因为地形的不平坦使得成人无法对前面的景色或地面一览无余。

偶拾:一个小小孩

在托儿所教室里度过的一段难忘而有价值的时光,让我对"足够小的空间"有了真正的认识。一个3岁的孩子,他的家长认为他患有先天性侏儒症。他非常聪明地避免自己在整理时间去帮忙。一旦意识到音乐响起,每个孩子都要承担帮助别人的任务。这时,他就会走到设备的下面、后面和里面去寻找最小的空间。他知道,在那里我们找不到他,更不用说让他出来了。但他提醒了我们要注意那些更危险的地方,因为他可能会躲在(并被困在)那里。我们要用不同的视角看待室内外环境。

儿童的空间、个人地理位置和自由不断受到挤压(see Matthews et al., 1999; Geldens & Bourke, 2008)。此外,成人对安全问题的考虑,使得儿童获得私人空间的机会也受到了威胁。在健康和安全的旗帜下,孩子们的游戏和活动一直受到监视(see Furedi, 1997; Ball, 2002; Gill, 2007)。人们有一种潜在的恐惧,害怕让孩子独自一人,无人照顾。持续地对儿童和成人进行监视,由此带来的后果是损害了儿童游戏的自由。休斯(2001:344)认为,躲藏是一种"游戏需要,被成人监视会消除游戏中的一些有价值的东西……孩子需要时间来做决定"。

材料：固定的还是松散的

教师为游戏选择材料，需要考虑材料的类型，可以把这些材料分为两组不同的材料：固定的游戏材料，指可以保持静止的东西，如秋千或攀爬架；松散的游戏材料，指可以移动的东西，如管子或绳索，它们可以与静止的游戏设备或其他不固定的材料结合使用，便于孩子们创造自己的结构。尼科尔森（Nicholson，1971：30）发现，当孩子们有机会在游戏中"使用许多变量"时，他们会以更具想象力和创造力的方式使用游戏材料："在任何环境中，创造力和发现的可能性都与环境中变量的数量和种类成正比。"环境中的材料应该与可持续的空间保持一致。在这样的环境中，儿童可以用静态的松散性材料改变和调整游戏活动，以满足自己的兴趣和动机。

孩子们调整和操纵环境的能力对于激发灵感和创造力是至关重要的，这样他们的游戏空间就不会一成不变。松散性材料所带来的"惊奇"和"不可预测"这两个要素，有助于满足儿童的想象力和创造力。这种学习过程在马拉古兹（1993）的瑞吉欧·艾米莉亚方法中体现得非常明显，在室内外的学习环境中使用松散性材料，让孩子们触摸、移动、探索和表达。布罗德黑德和伯特（2012）对此进行了广泛的研究。

用松散性材料创造冒险的机会，使孩子们能够以独特的、鼓舞人心的方式使用日常物品，找到新颖的方式使用材料。这种提供材料的方法更能激起在游乐场（而不是学校的操场）般冒险的感觉，改进材料的使用方式就能带来冒险的可能性。计划的重点是结合使用有趣的、刺激的材料，这将延伸、挑战和提供好玩的机会让孩子去探索和发现。天然材料和人造材料可以混合使用，孩子们可以用它们做实验。我们也可以从自然元素和材料的使用中汲取灵感，更好地使用室外游戏材料，化解游戏中的风险。游戏材料包括岩石、火、空气、土壤、植物、水、木头、绳索和骑行类工具（Hughes，1996）。其中，天然材料（Woods，2016b）在森林学校方法和户外学习中得到了充分的认可，儿童主要使用天然材料与大自然重新建立联系，扩展他们的学习和技能。

像麦克米伦（McMillan，1919）这样的先驱者曾倡导户外活动作为学习工具的好处。因为人们在户外可以通过个人化的独特方式与元素、材料相结合，激起个体通过嗅觉、触觉、听觉、味觉、视觉和身体发展来培养特定的感官意识。当促使人思考的松散性材料被引入到儿童游戏中时，想象力和创造力就会增强。

松散性材料对喧闹的游戏活动和独自游戏都有促进作用。使用松散性材料的游戏，其主要特征是可以与他人或其他材料相互作用。这种游戏通常是非常令人激动的，伴随着大量的喊叫和动作。游戏材料往往会定期易手，要么是自愿的，要么是被另一个孩子拿走，而那个孩子又会以自己的理解和表现方式想象那个材料。在游戏中使用松散性材料使活动变得自由、流畅。在这样的活动中，材料和人的相互联系创造了相遇和建立关系的机会，增加了游戏的冒险性。这是因为新材料的加入使活动呈现出快节奏、不可预测性和富有想象力等特点，拓宽了儿童的视野。在实践中，运用松散性材料开展游戏的范例就是在操场上引入"废品店游戏机"，目的是促进操场上积极的社会互动（Blatchford et al.，2002）。"废品店"是一个大型的户外储存区域，这里可以收集可移动的、零散的材料。孩子们在户外游戏时，可以到这里来挑选游戏材料。

观察发现，在使用"废品店"比较成功的地方，儿童的游戏会变得更有目的性。因为孩子们把注意力和精力更多地集中在创造上，并运用想象力将松散性材料当作游戏中的象征物。创建松散性材料资源库的好处在于，有足够的材料供所有儿童使用，这似乎可以减少儿童之间的冲突，促进合作。此外，儿童发现，使用松散性材料的游戏会带来更令人满意的体验，因为他们能够在游戏中塑造和控制物体，获得更多的自由，从而增加了自主地与冒险性游戏建立联系的可能性。在使用松散性材料的游戏中，成人再次扮演敏感的观察者角色，而不是活动的干涉者。当孩子们不仅开始使用松散性材料表达自己的想法，而且用它们表达情感时，游戏中冒险的机会就出现了。由于游戏过程是开放式的，因此孩子们有许多机会以多样化方式接触材料和关系。在材料和场地中走动，使儿童的游戏过程诞生了无数的物理运动。虽然孩子们控制了自己的部分体验，但恰恰是没有控制的感觉，激发了冒险性、创造性游戏。

表 5.2　可用于游戏的松散性材料

- 沙子（Hay & Nye，1996；Edgington，2002；Bilton，2005；Casey，2007；Williams-Siegfredson，2012）
- 碎石（Bilton，2005）
- 水（Hay & Nye，1996；Edgington，2002；Bilton，2005）
- 小鹅卵石（Edgington，2002；Curtis & Carter，2003；Bilton，2005；Broadhead & Burt，2012）
- 高高的草（Garrick，2011）
- 小树和灌木（Garrick，2011）
- 小树枝和大树枝（Curtis & Carter，2003；Spencer & Blades，2006；Garrick，2011；Broadhead & Burt，2012）
- 谷穗、板栗、橡子、松果（Edgington，2002；Curtis & Carter，2003；Garrick，2011）
- 土壤、泥巴（Greenman，1988；Hay & Nye，1996；Spencer & Blades，2006；Williams-Siegfredson，2012；Broadhead & Burt，2012）
- 原木（Edgington，2002；Watts，2011）
- 岩石和石头（Day，2007；Young，Watts，2011）
- 花盆（Young，2011）
- 吊篮（Edgington，2002）
- 晶体（Day，2007）
- 花（Greenman，1988）

（续表）

- 堆肥（Elliott，2008）
- 蠕虫农场（Elliott，2008）
- 动物（Elliott，2008）
- 木屋、伞菌型桌子、凳子（Garrick，2011）
- 柳树隧道（Garrick，2011）
- 棚屋（Garrick，2011）
- 树皮（Greenman，1988；Edgington，2002；Bilton，2005；Garrick，2011）
- 干草（Curtis & Carter，2003）
- 大卵石（Curtis & Carter，2003；Young，2011）
- 贝壳（Edgington，2002；Ryder，nd）
- 树桩（Maxwell et al.，2008）

来源：伍兹，2016b，113。

偶拾：是这个，是那个，是这个

教师把一些精心挑选的松散性材料放在游戏区，想观察孩子们对这些材料的反应。最初，孩子们只是围着这些材料看。慢慢地，每个孩子开始选择一件材料去玩。他们先把一个塑料桶当作一顶帽子；然后，又把它当作一只鼓；之后，又是领奖台；接着，把两个桶变成了手提包；建筑工人的桶；最后，变成一双靴子。一根长长的粗树枝被当作一根鞭子，然后被当作一把用来打仗的剑，一根仙女魔杖，一支箭，最后变成了一匹飞马。他们将粗麻布袋用于收集可以做晚餐的植物，然后把它变成藏着一件魔法斗篷和一个跳娃娃的隐蔽地方，跳进去，绊倒，再爬起来。

第 5 章　为冒险性游戏的可能性而规划

偶拾：你让我旋转……

卡丽斯爬上岩石缓坡，身后摇着一条长长的飘动着的丝带尾巴，她每向坡上走一步，都会回头看。她让丝带在石头上飘来荡去，直到她到达草坪平台，她在那里站了起来。她现在向后转身，故意走了四步穿过草坡，挥舞着丝带，就像一条蛇在她面前游动一样。这是一个有风的天气，微风让丝带飘起来。和大自然一样，卡丽斯用手臂带动丝带随风飘动。她张开双臂闭上眼睛，开始转圈，但瞬间失去了平衡。她笑了，睁开了眼睛。意识到自己的局限性，她开始只转动丝带，而不转身体，一圈又一圈地转着，将丝带的圆周运动扩展得很大。

节奏、速度、高度和动机

最危险的情况或许发生在儿童运动或进行有高度的活动时，而这时候通常也是看护孩子的成人最焦虑的时候。记得我们还是孩子的时候，最常见的单独运动便是旋转了。旋转让我们体验到头晕目眩的感觉，这使我们感到失去控制但同时又觉得很兴奋。在身体游戏中，儿童自然而然地寻求一种放手、失控的感觉，因为他们正在测试自己的感官和感觉的极限。一想到运动，我们的头脑中就会联想到与运动有关的动作，比如滚动、旋转、摇摆、推进、跳高和跳远。运动游戏包括孩子们上下左右的活动。速度的体验包括快节奏、慢节奏和时快时慢的节奏。运动挑战给儿童带来勇气、抗逆力、刺激和恐惧等感觉。我们可将其与游乐场的游乐设施类比，所有的设计都是为了让运动、高度和速度达到外部极限，从而有意地唤起人们的感官和情绪反应。

传统的游戏材料主要用于运动，如自行车、滑板车、滑梯、跷跷板、环形路和攀爬架，许多幼儿园都有这类材料。然而，休斯（2001：345）认为，"这是一种图省事的游戏形式，是一种快餐式的方法，儿童自然的游戏内驱力被这些人造的替代品劫持，从而产生刻板的游戏叙事"。休斯（2001：387）接着提出，我们应该鼓励孩子更多地进行自由游戏。这里的自由游戏包括休斯所说的"狂野游戏"，即没有成人太多的干预或监督，放任孩子们本能地利用周围的环境所进行的游戏。休斯断言，大多数人造材料，如自行车或攀岩架，没有提供更广泛的挑战活动，致使孩子们以标准化的方式使用材料，阻止他们成为与变形材料对话的"大师"。丹麦的景观设计师诺贝隆（Nebelong）也反对材料使用的标准化，认为材料本身就会制造危险。

> 当攀爬网或梯子的所有横档之间的距离完全相同时，孩子就不需要把注意力集中在自己的脚上。标准化是危险的，因为这会使游戏变得简单，孩子不必担心自己的动作。从标准化的材料中积累的经验，不足以应对人在一生中会面临的凹凸不平、不对等的一切。

（Nebelong，2002，cited in Gill，2007：35）

在为游戏的可能性进行规划时，成人负责提供材料和让儿童与材料相遇的机会，以一种安全的方式提供不确定性和挑战。根据运动、速度和高度选择材料，让孩子们进行自由的粗野游戏，这需要自然且未经处理的材料。由于可以以不同的方式使用和作用于这些材料，秋千、吊床、岩石的裂缝、弯曲的斜坡等都可以作为提供运动、高度和速度体验的备选材料。自由式的（不是固定的）设备为孩子们提供了谈判、测试、尝试、征服或失败的机会，让他们在追求中反复尝试，建立自信、抗逆力和自尊。更多的自由游戏帮助儿童建立和增加认知地图和认知方式，这样他们就能通过熟悉的、变化的事物理解世界，每次通过不同的"舞蹈"来同化经验，积累下次参与活动时可利用的记忆。

通过调整支持儿童适应具有不确定性的运动游戏材料，儿童作用于环境，在与环境的互动中形成对材料及其环境的新看法和理解。这些新鲜的体验，事物之间的相互联系使孩子们理解了世界的意义，并开始理解物质和身体可以以不可预知的方式发挥作用。

改变和保持冒险性游戏的可能性

为了开展冒险性游戏而对游戏环境和材料进行转换和改变，这缘于成人的准备和对材料及环境的评估，缘于儿童与环境及材料独特的互动和连接方式。游戏是一个逐渐展开的过程，是不可预测、不确定、不断演化的，可能导致许多方面的发展，但所有这一切的关键是成人和孩子都需要的心智能力。

为了保持成功和安全，成人和儿童都需要反思、评估，并适应不断变化的情况。要做到这一点，成人需要观察环境和材料，以及可能出现的机会和风险。成人评估、调整、改变环境和材料的结构，提供更多的挑战和更多的兴趣，然后让一切以一种有机的进化方式发展。孩子的行为也反映了这一点，因为他们会观察自己如何使用环境和材料。他们评估、修改、调整、改变材料和场景的使用方式，以符合他们的游戏目的和想象力，创造和再创造新的情境，并将情境进行扩展。在这个过程中，孩子们挑战自己的才干和能力，为了自身的发展和进步而冒险。成人如果想在游戏中计划创造性的发生，就必须从孩子身上部分地反映出这一转变过程。这部分转变过程来自对当前有组织的环境观念的挑战，环境功能的扩大，以及为了发展和进步而承担的风险。计划过程，对游戏的准备情况进行持续的反思和评估，有助于为儿童创设富含刺激的、可接近的环境。在那里，他们将获得空间、时间、自由和材料，通过冒险和弹性策略寻求个人挑战。虽然一开始时，这对成人来说可能是陌生的领域，但成人和儿童从中获得的益处和自由有助于为应对更多风险打开新的视角，获得更多信心。最后，要记住足够安全的原则，即要安全地组织户外活动，而不是为了安全而避免让孩子参加有风险的户外活动。值得庆祝的是，儿童是有能力的人，有能力在游戏中承担风险和

儿童发起的游戏和学习

挑战。

思 考 题

- 你如何定义自己所在的组织对风险和安全的态度：是否有许多关于游戏的规定和限制？
- 你们有没有考虑过，或者已经有相关的政策或者声明，让游戏中的轻伤合法化？
- 你或同事是否完全理解对健康和安全的现实要求和与之相对应的一些"神话"？
- 你或同事有多大把握放手不去控制孩子的游戏？
- 你在计划冒险性游戏的过程中遇到的主要障碍是什么？你是如何克服的？
- 你的户外环境中是否有不同的地形、隐蔽的空间、自然运动的车辆、丰富的松散性材料？
- 你的孩子是"自由的游骑兵"还是"被泡沫包裹着的物品"呢？

第6章　游戏作为可能性的空间

在这一章中，我们将讨论游戏对儿童的重要性，以及游戏的一些重要特征。莫伊尔斯（Moyles，2010：4）将讨论游戏的复杂性形容为类似于"试图抓住泡沫"。这个比喻睿智地捕捉到了游戏的本质：令人着迷、脆弱和转瞬即逝。尽管对教师而言，讨论什么是游戏会有一定的挑战性，但以令人信服的方式讨论是有价值的。作为从业人员，我们深知儿童游戏的价值，也深知游戏的益处，所以有信心为儿童争取充足的游戏机会。

探讨游戏的书籍和文章浩如烟海，这些文献提供了大量观点，阐述了游戏对儿童整体学习和发展的价值。你很难找到阐述游戏不利于儿童发展的参考文献，也没有作者认为游戏没有积极价值。然而，在提供有利于儿童游戏的实践和环境时我们仍会面临挑战，因为来自其他方面的压力对我们的教学方法产生了影响，就像新近取得职业资格的学前班教师在"偶拾：教师的反思1"中提到的那样。

第 6 章　游戏作为可能性的空间

偶拾：教师的反思 1

这里有挑战……有时候，我确实觉得受到了限制……我必须掩饰这些……他们需要这么做……这个星期，我们没有进行任何与书写有关的活动。多玩游戏，做一些儿童自发的活动也许更好。从孩子们的侧面轮廓中我看到他们的情绪有点低落，所以我觉得应该让他们有更多的游戏时间，让他们的情绪高涨起来。这也就是我为什么经常让孩子们游戏的原因，我要给他们提供空间去当孩子、海盗、超人、木乃伊或者一条狗……这不仅仅是游戏，他们也不仅仅是在游戏。他们在社交，在解决问题，在探索自己的情感，在创造意义、沟通、涂涂画画、做决定，在为后续的发展打基础。在这里，我是如此的幸运，因为我不需要为了给孩子们创造游戏的机会而斗争。

在这种特定的背景下，这位对游戏价值深信不疑的教师能够实施适合本班儿童的课程，缘于她的工作得到了学校领导班子的全力支持，领导者懂得游戏对儿童的重要性。尽管如此，她有时还是觉得自己的教学受到了挑战，尤其受到课程框架的挑战。研究表明，教师可能在理论上相信游戏的好处，但在将这些理论付诸实践上缺乏信心（Adams，2004，in Santer et al.，2007；Moyles & Worthington，2011）。作为教师，我们显然需要将自己所宣传的理念用于实践，但是没有整体环境的支持，这仍然是一个挑战。

关于游戏的言论与现实

英国于 1991 年批准了《联合国儿童权利公约》，其中的第 31 条承认："儿童有权享有休息和闲暇，从事与儿童年龄相宜的游戏和娱乐活动。"（1989）自 1991 年以来，该法案的批准在教育政策和实践领域均产生了越来越广泛的影响，游戏已牢牢地被置于儿童课程的核心。对最年幼的孩子来说，游戏被视为一种最合适的活动，教师也被倡议如此认为。斯特兰德尔（Strandell，2000）认为，在西方社会，游戏作为儿童权利的观点已经变成一种使游戏边缘化的渠道。通过这个渠道，游戏变成了儿童特有的活动，这使得游戏和游戏者显得不那么重要。她质疑西方社会的学前教育学，因为他们将游戏看作为未来做的准备和练习，成人计划的、有目的的游戏是入学准备的重要组成部分。与此相反，斯特兰德尔提出了游戏的另一种模式，即把游戏视为当下的意义建构和协商。这意味着，如果我们关注儿童的现在，为他们提供对他们当前的存在有意义的、丰富的、支持性的体验和机会，并在适当的时候作为合作伙伴加入他们的游戏，那么我们肯定是在为他们的未来做最好的准备。正如格鲁斯（Groos，1808：75）在描述小动物的游戏经验如何帮助它们成长时所写的那样："青少年时期可能是为了游戏而存在的，不能说动物游戏是因为它们还小，喜爱嬉戏，而是因为它们有一段可以用来游戏的青少年时光。"

在幼儿园的儿童学习与发展框架与指南中，游戏主要是作为一种发展和学习的媒介而被讨论的。在这种关于游戏的主导话语中，游戏被描述为一种工具，在所谓的有计划或有目的的游戏中，成人越来越多地使用它。在正式的幼儿园中，不完全理解游戏的内在价值可能会导致从业者朝着这个方向发展。当游戏本身的价值不太被认可时，幼儿园就会出现问题，因此游戏的地位是岌岌可危的。在讨论一些幼儿园的做法时，纳特布朗（Nutbrown）描述道：

> 游戏为了支持……而被斥责和边缘化。"工作"给幼儿园教师带来了压力，迫使他们把精力集中在儿童的学业学习上而不是游戏上。事实上，在回应家长询问今天玩了什么时，我们听到一名一年级孩子疲倦而略带怀疑地说："玩？我们现在都只关心成绩！"

（2011：114）

林克莱特（Linklater，2006）在对 4—5 岁儿童的研究中也表达了类似的游戏观，这表明儿童自己意识到了工作的价值，而把游戏边缘化。在访谈中，儿童都清楚地表达了学前班教室是由教师负责的地方，主要基于读写和算术的工作是有价值的。只有当工作完成时，你才可以不受教师控制地游戏，而且通常是在室外进行。孩子们能感觉到户外游戏时间是他们在学校里唯一"真正"游戏的时间，就像这个学前班孩子所说的：

是的，我们在学校玩。我们在操场上玩。在休息的时候，我们用石头玩娃娃家，用树叶把石头装饰起来，或者用石头把树叶捣碎，再用木棍当注射器装药水。其余时间，我们只是在工作，尽管……但是星期五我们有黄金时间，我们在那个时间可以玩一会儿。

这是我们想要描绘的儿童游戏画面吗？每一刻难道不应该都是黄金时间吗？

重视游戏

与这种相当悲观的看法不同，斯特兰德尔（2000：148）提出了游戏的另一种可能状态，即游戏不是为生活做准备，而是"参与日常生活的资源"。这与罗格夫（Rogoff，2003）关于"有指导地参与"群体工作相呼应。在这里，学习和发展牢牢地扎根文化之中，游戏是儿童与他人一起进行的真正的体验活动。类似地，在瑞吉欧·艾米莉亚地区，为学前儿童、婴儿—学步儿提供的保育和教育方法中，在新西兰幼儿教育课程（1996）中，学习被视为存在于人、地方和事物之间。在这一图景中，儿童探索现实与幻想之间界限的游戏想法受到重视和赞扬，并得到应有的尊重和关注。通过建构有能力的儿童形象，游戏是发展中的儿童参与其周围群体生活的一种方式，是支持儿童进行意义建构的一种载

儿童发起的游戏和学习

体，是对儿童来说有目的的活动。这使得孩子在发展和学习中处于中心地位，并且提供了一个游戏模型，将游戏视为儿童可以使用的工具之一，儿童利用这个工具探索自己好奇和感兴趣的事物，就像"偶拾：埃德和他的火车"所阐述的那样。

偶拾：埃德和他的火车

埃德在玩成套的火车玩具[1]。他整个星期都在玩这个玩具，试图把桥连在一起。星期五之前，他尝试在积木块上铺轨道，抬高轨道的高度。在工作中，他专注而果断。当遇到困难，搭建的结构不稳定时，他没有放弃。埃德用手势向教师表达了他想要建造的东西——一座桥。在一次家访中，我们跟埃德的家长分享了这些反映游戏情景的照片。埃德的妈妈惊呼道："那是里布尔德高架桥！我们在假期时去过那里。他喜欢这座桥。"一个意义被分享，一场冒险开始了……

显然，在这家幼儿园里，在教师敏锐的支持和准备下，埃德只要愿意就能一直探索自己独特的兴趣。我们可以认为，这个孩子通过游戏（也许在观察者看来是重复的行为）寻求再创造、寻求交流，并运用自己的经验来创造意义。游戏是复杂而主观的，我们也许很难非常有把握地对它做出客观解释。我们只能对孩子游戏的目的和意义进行推测。然而，仅凭借观察，你也许会发现游戏是混乱的，没有明显的方向或目的，或者完全是有目的的。与家长和同事讨论和分享这些有趣的活动是很重要的。然而最重要的一点是，对游戏者来说，所有的游戏都是有目的和有意义的。

桑特（Santer）等人发现游戏的主要特征：

<u>游戏的本质在于它源于孩子们表达自我、探索、学习，以及理解世</u>

---

[1] 一种包括列车、车轨、车站等在内的成套玩具。——译者注

第 6 章 游戏作为可能性的空间

界等内在需求。游戏之所以对孩子有益，是因为游戏可以让孩子自己选择，追随自己的本能。在游戏中，孩子们享有一定的自由和自主，不受成人的支配。这种选择、探索、交往、创造、移动、挑战自我和他人的自由，是他们当前生活的重要组成部分，对他们的发展至关重要。

（2007：23）

这里提到的发展比早期教育指导文件中的学习的范围更广泛，涉及儿童发展的整体方面，包括在埃德身上淋漓尽致地展现出来的积极品质和态度。

游戏是一个缓慢的过程，需要有时间让孩子们沉浸其中（Bruce，1991）。在其他幼儿园中，埃德有可能长时间坚定地追随自己的兴趣吗？出于好意，教师会花多长时间去扩展其游戏的焦点和广度呢？或者，教师也许会用其他活动来分散他的注意力。当然，这并不是说喜欢独自游戏的孩子不能从成人的支持中受益。通过观察和巧妙的计划，聪明的成人会观察、等待，并想出巧妙的主意进一步激发和扩展孩子的兴趣。

偶拾：埃米与海草

埃米 20 个月大了，这是她第一次体验海滩。我观察到，当妈妈把她放下来体验海浪和又硬又湿的沙滩时，埃米看上去很害怕。显然，她不喜欢海浪发出的嘈杂声，也不喜欢沙子带给她的坚硬而潮湿的感觉。她不想让妈妈把她放下来，于是用手指着海滩上的干沙滩。妈妈对她的表现很失望。我向妈妈建议，第二天让埃米尝试一些别的活动，这样有助于她更好地享受海滩。第二天在干沙滩上玩耍之后，我对她们说："我们用桶去装点水好吗？"在海堤旁边有一个浅水池，我走在前面，用桶装满水。埃米也走下来，她把桶里的水倒入水池里。从我这里拿了桶去倒水之后，她自己也用桶去装水，重复玩了几次。她的动作是重复的：装水，坐下，从靠近身体的一侧把桶里的水倒在自己的肚子上，过了一会儿，又将桶灌满水，一遍又一遍……海堤长了许多海草，我扯下来一些丢进空桶里，这变成了她的新游戏。因为把海草从

119

> 木头上扯下来很困难,她用了很大的力气,也很专注,不停地拉、坐、装。游戏时间已经超过了 45 分钟。我向埃米的妈妈建议,等她自己想结束游戏时再回干沙滩。我们知道什么时候是她决定结束游戏的时刻。她坐了下来,抬头看着我们,伸出双臂让我们把她抱起来,然后又坐了下来,让我们给她擦干,暖和一下,准备用茶点。

对埃米的观察提醒我关注她的不安。这里的计划包括构建一种方法,使她更享受海滩的乐趣,因为她已经喜欢干沙滩了。这种方法以对儿童游戏的理解为支撑,即有趣的探索活动和大多数孩子都喜欢玩的"倾倒"和"填充"活动。它之所以奏效,是因为成人让孩子主导游戏时间。对所有儿童来说,这个因素极为重要。孩子们完全有能力让我们知道,他们什么时候玩腻了。当成人开始控制游戏的节奏时,问题就来了。

游戏与创造力

除了把游戏定义为儿童发展的固有特征外,人们也日益意识到游戏可以作为支持某个特定方面发展的工具,如创造力或发散思维。西尔瓦等人(2004)的研究结论是,那些被允许以游戏的方式探索材料的儿童,他们以后运用材料解决问题的能力更强。而且,在没有时间限制、没有失败的可能性、没有挫折和没有达到预期结果的压力的情况下,给儿童提供通过自发游戏来初步探索材料的机会,他们会发展出抗逆力、独立解决问题等关键技能。布鲁斯(2010:194)生动地描述了孩子们如何"酝酿"新的思想或想法,从而产生"创意"。他举了一个例子,一个孩子通过对旋转图式的探索来创造手表。卡利亚拉(Kalliala,2006:22)所说的"眩晕的游戏",不仅指字面上旋转或颠倒的身体感觉,还隐含着"想要撼动秩序"的、有风险的隐喻性概念。

偶拾:扎克和虫子

在一家幼儿园里,三个孩子正忙着在沙盘里玩花盆和闪闪发光的果冻虫。一个名叫扎克的幼儿站在沙盘前静静地看着,他把一切都看在眼里。迄今为止,扎克还没有跟幼儿园里的成人说过一句话。经过大量的实验、相互合作和专心致志的研究,孩子们发现,如果把花盆倒过来,把各种大大小小的花盆摞起来,就可以从这些花盆的洞里把底部的虫子摇出来,这令他们发出开心的尖叫。这样玩过好几轮之后,这些孩子离开去玩别的游戏了……扎克乘机进入这个游戏。他一口气把这些花盆组装好,把虫子从顶上推进去,但这一次他把花盆一个一个地转起来,把花盆底部的洞口对齐,直到虫子一个一个地掉出来。他脸上慢慢地露出满意的微笑,他大声地说:"我成功了!"

在"偶拾:扎克和虫子"中,扎克通过独立解决问题,动摇了由大男孩们设定的顺序。站在远处时,扎克就已经在酝酿、观察、思考和倾听。作为幼儿园中年龄最小、新来的孩子之一,成人和大孩子们都低估了扎克:在他的游戏中,他表现出了高水平的创造力和发散性思维,以及对自己所取得成就的强烈自豪感。

在似乎越来越强调用成人设定的结果来引导儿童游戏的情况下,某些重视早期教育的作者提出,要注重对儿童创造性游戏机会的保护。肯·鲁宾逊爵士(Sir Ken Robinson)将这种关注拓展到整个英国教育体系,以保护儿童的想象力、创造力和发散性思维。"想象力是人类取得各种成就的源泉。我认为,正是我们教育孩子和教育我们自己的方式在系统性地危及想象力的培养"(Robinson,2006:n.p.)。他认为,鉴于技术改革和发展前所未有的迅速,成人无法预知孩子的未来是怎样的,所以无法为他们的未来做好准备。他提出,要让孩子们为未知的未来做好准备,就要培养他们具备最佳品质——创造性思考的能力,以及用自己熟悉的方式获取资源和技术的能力。

儿童的游戏所有权

如果给予儿童在游戏中做选择的自由，无论是在室内还是室外游戏（Tovey，2007）中，那么儿童都可以被视为强有力的自身学习引领者，还能够得到作为游戏伙伴的其他孩子和有知识的成人的支持。这些对儿童学习的构想反映了维果茨基（1933）和布鲁纳（1996）的理论。他们视游戏为一种发展的源泉，一种工具或过程，通过游戏，儿童在社会互动中了解他们的世界。这里的关键词是"他们的"。根据维果茨基（1978）的理论，游戏创造了最近发展区。我们可以把这个最近发展区设想成一个可能性的区域，一个孩子们可以在其中锻炼自己的想象力、新技能，学会自己调节行为和情绪，并对情境和角色有更深入理解的空间。

偶拾：埃玛和诺亚方舟

埃玛在家里玩。昨晚，《诺亚方舟》（Noah's Ark）是她的睡前故事。听完故事后，她表达了自己的愤怒，因为这些动物爸爸妈妈们自己登上了诺亚方舟，却把它们的宝宝留下了。她把动物们两个两个地排好，放在用书搭成的斜坡上。她停顿了一下，接着又重新给动物排队。这次把小动物从队伍的后面移到前面，这样它们就不会"被落下了"。第二天，游戏重新开始，但这些玩具都被省略了。这一次，动物宝宝被放在高高的架子上，以保持干爽，当一天结束时，它们已经安全地在动物妈妈和爸爸之间了。那天晚上睡觉前，埃玛向妈妈请求道："周六我们出去的时候，我想走在你们两个人的中间，你在这一边，爸爸在另一边，你得抓着我的手。"

在上述"偶拾"中，埃玛在游戏中表现出强烈的情感投入。她似乎正尝试在一个能让她投入情感的情境中建构意义，引导自己思考社会和家庭关系的本质。很久以后，埃玛的妈妈回忆说，就在前一个星期，她还因为自己被留下来让保姆照顾而难过。从这个角度来看，埃玛可能是在自发地通过游戏去探索更深层次的问题，包括委托、安全感、家长的爱与责任。不管我们怎么解释，埃玛显然有自己的游戏，自己可以决定事件和结果，让自己满意。在这个"偶拾"中，尽管妈妈小心谨慎地不介入游戏，但是埃玛并不需要成人的支持，她完全沉浸在自己的游戏中。桑特等人写道：

> 在游戏中，孩子们享有一定的自由和自主，不受成人的支配。这种选择、探索、交往、创造、移动、挑战自我和他人的自由，是他们当前生活的重要组成部分，对他们的发展至关重要。

在这里，我们可以看到埃玛在游戏中和通过游戏展现的特点。托维（2007：119）没有将自由解释为"从……获得自由"，而提出"自由地去……"。后一种说法使我们采取一种更积极的方式，不仅为儿童消除游戏的障碍，而且还积极地确保儿童拥有各种可能性和机会。在托维看来，这不仅适用于为孩子们准备的物理环境，特别是室外环境，同时也适用于从业人员的价值观、态度和教学方法的形成。这种在游戏中营造的自由，再次把孩子描绘成在富有洞察力和回应性的教师支持下的强有力的学习引领者。当埃玛和妈妈一起计划周六的散步活动时，她正在行使这一权利。桑特（2007）认为，自由和自主对儿童的成长至关重要。蒂克尔（Tickell，2011：89）对此进一步扩展，将自我调节和动机纳入个体终身发展的基本特征，并讨论了我们所提供的环境该如何帮助儿童发展这些特征。儿童有发现周围世界的内在动机和好奇心，游戏是他们发现周围世界的自然媒介。他们准备好了，愿意且有能力，而我们所提供的环境和体验，无论是身体上的还是情感上的，对于支持孩子达成这个愿望都十分重要。

成人的作用

你是否能真正地为游戏做计划，或者你是否需要为游戏做计划，这在早期教育中是一个有争议的问题。斯密特（Smidt，2011）坚持认为，儿童游戏不能被计划，因为这有悖于游戏中儿童选择的自由和主体地位的实现。有些教师呼吁，给孩子游戏的时间和空间，让孩子们追随自己的游戏安排，拥有和指导自己的游戏。但在一家招收了90个孩子的幼儿园中践行这样的游戏观似乎会引起混乱和无序。斯密特继续建议道，我们可以通过谨慎地为学习环境分配资源和提供充足的时间来计划游戏。因此，室内和室外的学习环境在组织活跃的、冒险的、富有挑战的游戏活动中都发挥着重要作用。

西尔瓦等人（2004）认为，将儿童主导的活动与成人主导的活动结合起来，就可以为儿童提供最好的结果。那些"教育效果好"的幼儿园提供了结合直接教学活动和具有"潜在教育性"的游戏这两类活动的课程。为了实现这一点，许多幼儿园将全天划分为自由游戏、结构化游戏、成人主导的焦点小组活动和大组、小组活动。这可能会导致儿童一天的时间变得支离破碎，教师可能会限制他们的游戏时间。在这里，幼儿园的成人是很有权利的，能够决定哪些活动应该优先开展，并享有特权。乔丹（Jordan，2009）认为，包含学习共同建构的方法会赋予儿童权利，因为它们认可并依靠儿童的思想和观点。伍德（Wood，2010）提供了一种实践模型：成人和儿童共享权利。一天的时间被重新划分为：联合活动阶段、引导性且有趣的互动阶段。儿童一天的经历沿着一个连续体流动，以避免被认为是"工作"和"游戏"的分化。实践证明，焦点活动不完全是成人主导的。相反，它们属于共享时间，充满着持续共享思维，给孩子们提供了共同思考、解决问题和互惠学习的机会。

第 6 章　游戏作为可能性的空间

显然，要在实践中做到这一点，需要教师具备仔细观察的能力和娴熟的谈判技能，以便在成人建议的活动和儿童引导的活动之间保持微妙的平衡。这如同跳一支有难度的舞蹈，需要精心地调整。孩子们并不总是乐意接受成人作他们的玩伴，因此协调促进游戏和管理游戏之间的边界可能会给教师带来挑战。我们都有过干预游戏的经历：我们突然发现自己很孤单，因为我们太热情地参与游戏，还把自己的想法加入到游戏中，结果却把儿童的游戏给扼杀了。我们还必须意识到，成人所认为的有计划、有目的、有趣的游戏，但在儿童看来已不再是游戏（Moyles，2010）。然而，正如伍德之前建议的那样，巧妙的计划可以兼顾儿童与成人的视角。薇薇安·嘉辛·佩利（Vivian Gussin Paley，2001：4）在谈到她幼儿园的孩子时说，他们会"对那些不断展现无限可能性的人迅速做出反应"。在计划游戏时，成人的作用是游戏和互动，关注和展现可能性，预期和即时回应，反思和评估，以便更好地做好准备。

对游戏的计划应该既灵活又具有回应性，并顺应儿童的需求。如果要提供丰富的、真实的和有目的的游戏，教师需要深思熟虑，打开思路，仔细观察什么对儿童有吸引力（DCSF，2009，2010；DfES，2007）。这可以作为计划过程的起点，一次共同冒险的开始。正如一位校长所说："我们要根据即将发生的事情为孩子们制订计划。"我们需要根据儿童自身的背景和经验、生活中的事件、家庭和所在群体，为他们提供有意义的相关经验。有时，孩子"即将到来"的经验可能与我们自己的经验不同，这反映的是不同的价值观。如果我们允许他们开展咖啡馆角色扮演活动，那么我们是不是要拒绝他们想开薯条店的想法呢？如果我们假设所有的男孩都对海盗游戏感兴趣，那么我们是不是忽略了那些对海盗游戏不感兴趣的男孩呢？

要成为幼儿园中为儿童而进行改革的推动者，我们就必须对儿童在日常生活中的经验很敏感，并设法在所准备的环境中提供对他们而言最为重要的一切。

偶拾：打版

卡伊和阿尔菲在制作区工作。他们对站在一旁的教师桑德拉说："我们决定给你做一条裙子，卡伊的妈妈知道怎么给裙子打版。我们能给你量尺寸吗？"

成人在户外游戏中的作用

户外游戏的价值似乎在于为儿童早期的经历增加特殊的意义和可能性。在很多孩子的内心深处，似乎有一股想要到外面去玩的自然驱动力，这使他们的世界变得有意义。托马斯和哈丁（Thomas & Harding, 2011）认为，自然元素对室外环境的控制要甚于人力所及，因此相比于室内环境，儿童在室外环境会更少受到教师的影响。他们把户外视为支持孩子发展自主性和进行意义建构的主要环境（参见第4章）。如果自然环境中的游戏被认为有助于儿童形成对其世界的认同感和归属感，那么在规划和安装许多户外游戏设施时，我们应该考虑分离这一因素。我们尽管在口头上说儿童需要理解周围的世界，但事实上为他们提供的户外环境是与世界的其余部分相割裂的，而且往往与任何自然环境都没有什么相似之处。在幼儿园中，要分开一组组孩子，可以通过让他们进入不同的户外空间或在不同的时间进入户外来实现。让儿童与同伴、朋友和不同年龄的兄弟姐妹（在室内分组时经常被分开）在一起，从而形成学习共同体，有助于他们获得丰富的社交体验。他们会找到熟悉的场地、空间和物体来玩，尽管可能是以一种令人兴奋的新方式。

莱斯特和莫兹利（Lester & Maudsley, 2007）通过查阅文献发现，儿童在自然环境中自由游戏，就会与周围的世界建立联系，理解自然世界所蕴含的潜力，发现自己的喜好。这种人与自然接触的经验反过来会让他们体验到自己与自然的联系感和归属感。这种感觉会一直持续到这些孩子们成年之后。他们的研究还证明了，与自然世界和谐共处的体验对身心健康具有积极影响。与之相对，洛夫（Louv，2005，2012）警告我们，当竞争性的虚拟体验对孩子们越来越有吸引力时，他们会感受到自然体验的缺失，以及自然世界中时间和空间的重要性。在"偶拾：汤姆创作了一幅画"中，汤姆在户外环境中探索自然材料，展现出他与教师之间强烈的联系感。

偶拾：汤姆创作了一幅画

一家日间托儿所的孩子们在花园里游戏。汤姆专心致志地在那里收集园艺课后剩下的一堆绿色植物。他挑选了自己需要的部分，把这些绿色植物放在蹦床上。一位教师躺在蹦床那里，她正仰望着天空，教师的身旁还有另外一个孩子。汤姆小心翼翼地摆弄着草叶。之后，他轻轻地拍了拍教师，然后骄傲地说："我给你作了一幅画，这个人就是你。"

如果要有效地促进主动学习，培养儿童的创造力和独立性，重视儿童的主体性，我们就需要考虑幼儿园的情感环境。为了创造支持游戏的情感环境，教师需要对自己的信念和游戏经验进行反思（Anning，1997）。那些在理论层面对游戏价值有很强的理解力和信念的教师，有可能为儿童争取与家长一起游戏和工作的权利，从而使亲子之间达成对游戏重要性的共同理解。教师有责任在法定的课程范围内工作，并颠覆"学习就是被灌输，就是公式化地遵循预定顺序"的观念。游戏是一种积极的、实践性的学习，儿童通过自我建构或与他人一起建构形成对周围世界的理解，从当前的空间走向未来的空间。

莫伊尔斯（2010）、斯密特（2011）和布罗德黑德（2010）注意到教师的权利，他们拥有选择开展哪种类型的游戏和学习的权利。作为自信而知识渊博的教师，我们相信游戏的价值，能够优先考虑那些游戏的

儿童发起的游戏和学习

黄金时刻。正如一位刚获得从业资格的教师如下所说。

偶拾：教师的反思 2

我坚持自己的游戏价值观。我知道，地板上托盘里的沙子对孩子的益处及其具有的可能性。我知道，当我让孩子们玩沙子的时候，他们是在学习，游戏让他们觉得学习是舒适的。这是儿童安全而独特的学习方式。我的工作可以是在他们的头脑中植入想法，也可以是帮助他们在头脑中生发自己的想法。

思 考 题

- 作为游戏局外人的成人，我们根据什么标准来判断儿童游戏的价值和目的呢？
- 在我们的幼儿园中，儿童有主导游戏并实现自己的游戏计划的机会吗？
- 如果游戏又吵又闹，我们会觉得一团糟并拒绝接受它，还是接受游戏带来的可能性呢？
- 当一个孩子只对一种经验或某个区域着迷时，我们会让他离开吗？当爱因斯坦在发现相对论时陷入困惑，是谁让他继续研究下去的呢？谁会让梵高做出改变，画一些不同于向日葵的东西呢？

第7章 评价的可能性

玛丽·简·德拉蒙德（Mary Jane Drummond）把评价定义为：

在我们的日常实践中，观察并努力去理解儿童的学习，然后妥善运用我们的理解。

（2003：13）

因此，我们不能把评价概念化为一个产品或事件，而是要把它视为一个完整的过程，持续渐进地了解和理解儿童的学习与发展，从而了解和欣赏每个儿童独特的学习方式和学习品质。正如前面所界定的，评价亦是一个让教师根据所观察到的情况进行反思和行动的过程。事实上，评价应该对我们所照护的孩子产生影响。当我们试图了解和理解孩子们的喜好、令其着迷的东西，以及他们的家庭生活和友谊时，孩子们应该能感觉到自己被了解和重视，他们选择做什么或不做什么对别人很重要。

对实践的评价通常分为两类：学习的评价（assessment of learning），它是总结性的，像一幅"快照"，用来确定活动之后，或一个阶段的教育结束时，孩子能做什么；为学习的评价（assessment for learning）（Black et al., 2002），这是一个持续的过程，旨在告知儿童他们在学习中的位置,并为未来教育活动的计划和准备提供信息。哈格里夫斯(Hargreaves,2003)提出另一个概念——评价的连续体(continuum of assessment),它取决于我们对作为学习者的儿童的看法。在这个范围的一端,学习被视为获得外部知识体系,而在另一端,知识被认为是学习者共同构建的。本章将更详细地讨论后者。

想象一下"偶拾:神奇的巧克力色坑"中的场景,它也许会勾起我们对自身实践不舒服的回忆。在这里,幼儿园既定的课程导致教师错过了通过游戏真实地评价儿童制作标记能力的机会。然而,我们任何人都有可能发生这种情况。在我们的幼儿园中,现有的结构和系统多长时间会对我们产生一次制约?这种制约影响了我们的行为,其代价可能是牺牲了探索一个很丰富的游戏主题并使之持续进行下去的机会。

偶拾:神奇的巧克力色坑

基金会大楼外的操场全天都向儿童开放。工作人员已接受了追随儿童兴趣、学习故事和规划儿童学习的可能方向等教育观念。

在10—15分钟的时间里,莉齐已来来回回地在操场上穿行了好几次。她从大楼外的水龙头里灌满一小桶水,拎着水桶穿过操场到达操场的边缘,然后将一桶水倾倒在地上,再用棍子戳戳搅搅。时常会有两个,偶尔有四个孩子与她一起玩。他们都拿着棍子。他们的身体姿势以及绕着这个坑不停地走动的样子,表明他们在整个过程中是高度投入的。他们谈到"混合物"多么潮湿和黏稠,并用棍子搅出了旋涡。"你们做的是什么?"我问,"一个神奇的巧克力色坑?"

我把这个故事分享给同事,问他们有没有可能培养儿童的这个兴趣。"我们明天什么也做不了,明天我们要做评价。""评价什么?""评价孩子们画画和做标记的能力。"

观察性评价的价值

在早期教育中,观察在学习与发展的规划和评价中起着主要作用。与谈话一样,观察也是我们收集儿童信息的一个重要方法。我们可以通过观察,描绘出儿童发展的整体图景。这样,"我们所认识"的孩子就会变成一个独特的个体,我们也可以据此对如何培养每个儿童的才能与兴趣进行规划。杜威(Dewey)对观察的定义是:"观察就是探索,是为了发现以前未见、未知的东西而进行的探索。"(1933:193)

在"偶拾:观察奥斯卡"中,一位教师反思了自己对"观察在揭示未知事物中发挥重要作用"这句话的深入理解。

偶拾:观察奥斯卡

奥斯卡正在忙着数那些用于分类的玩具。我拿出笔准备记录,问道:"你那个小盒子里有多少个玩具?"奥斯卡一边小心翼翼地把玩具拿出来,一边按顺序唱数,但不是一一对应的方式。我在记事本上记下"要多进行数数有关的活动"。当我正准备走开时,我眼角的余光注意到他已经把这些玩具按一定的模式排列好了。他在我身后大叫道:"8!这里有8个!"然后,对其他盒子里的玩具也如法炮制地进行清点,说"这里6个",并把玩具每行3个,排成两行,"这里10个"……在这之前,我已经否定了他的数数能力。我太急于发现他做不到的事,对他的能力不够重视。事实上,我并没有真正明白做观察的意义。

这位教师以前对观察的价值持怀疑态度,现在看到了评价带来的可能性和机会。这唤醒了她对儿童学习和发展的好奇心,加深了自己对儿童独特的方法、行为、社会互动,以及看待世界方式的了解。随后通过与家长谈话,其中的奥秘被揭开了。原来奥斯卡对数字的空间意识是他与爷爷一起玩多米诺骨牌游戏时培养起来的。观察性评价与基于游戏的教学法携手发挥了作用。如果关注和留意儿童游戏，我们从观察和对话中所收集的信息就可以被用于反思儿童正在进行的学习，使我们想到促进儿童学习和开发教学的可能性。

我们知道，观察可以实现两个重要目的（Rose & Rogers，2012）。它可以用于提供关于儿童需求、兴趣和能力的信息，这些信息可以用于活动的计划和准备，也可以提供与家长交流的信息。重要的是，我们可以用观察所收集的信息进行反思、评价，改善我们自己的实践。正如我们所看到的，这位教师对奥斯卡的观察促使她直面自己关于观察价值的信念。斯密特（2005：33）也认识到观察儿童时，"寻找有意义的时刻"的重要性。在实践中，我们努力捕捉神奇的时刻、学习的时刻，发现貌似普通时刻的意义。然而，在这个"偶拾"中，教师从自己的学习中抓住了一个"有意义的时刻"，一个她可以反思、与他人分享的时刻，一个她可以用来发展自己和幼儿园实践的时刻。因此，学习评价对教师、儿童和家长来说，是一个参与和共同建构的过程。

反思性实践的价值

你选择使用何种类型的评价，在很大程度上取决于评价目的。如果你的目的是将评价作为一种工具来填补技能和知识的空白，那么你自然会转向易于填写的表格评价方式或利用计算机开展的评价活动。如果你的目的是了解孩子们对什么感兴趣，启发、激发和提供有意义的相关课程，并以一种易于理解的、有意义的方式与他人分享学习和庆祝学习的成就，那么你不妨转向观察性评价和其他叙述性的评价形式，如学习故事（Carr，2001）或学习之旅（DfES，2007）。如果学校要求你设定目标和下一步行动，这就会影响你对评价格式和方法的选择。正如我们将在下面看到的，儿童的看法、能力、优势和需求会影响我们的实践，影响我们选择用哪种评价方法。评价在很大程度上是更广泛的政策性日程安排的一部分（see Brown，Moran，& Woods，in Hawkins，2016）。

伍德（2011）建议教师对自己的价值观和信仰体系进行批判性审视。价值观和信仰体系是在教师的个人经历和职业经历，以及所在幼儿园的政策和风气的影响下形成的。她认为，在对个人的价值观和信仰体系进行批判性审视的过程中，教师可以超越简单地接受和执行政策的做法，使自己不仅成为具备应对挑战和改变政策能力的教师，而且成为具备应对挑战和改变实践能力的幼儿园改革的主人。德拉蒙德（2003）提醒我们，不能只是接受他人的价值观，并声称这就是我们自己的价值观，我们需要积极地挑战自己的信仰，并在自己的背景中寻求自身的意义。一个好的反思起点可能是思考并决定在评价中该"把什么放在重要的地位"（Rinaldi，2006：70）。这表明，成人拥有相当大的权利，尽管我们知道外部对幼儿园是有要求的，但教师还是能够决定优先进行哪种学习和评价（Glazzard et al.，2010）。这样的地位其实伴随着一种道德责任，那就是为孩子和家庭做正确的事情。因此，对教师来说，重要的一点是，通过反思和讨论来明晰什么是自己、儿童以及家长真正希望的、真正认为有价值的教育实践。

这就给教师团队的反思和讨论提供了一个很重要的起点。如果我们把重新审视自己的童年经历及对童年的看法作为反思和讨论的起点，我们就能够直面并挑战自己的想法和观念，确保我们的实践（包括评价）符合我们的原则。我们需要考虑评价的目的，为什么要做评价？评价什么？为谁做评价？另外，我们还需要选择收集所需信息的最佳方法，以及如何运用所获得的信息。我们需要思考从评价中了解到了什么，以及这些信息如何对我们的实践产生影响。用一位同事的话来说，我们应该"评价我们所看重的东西，同时给我们的评价赋予意义"。为了做到这一点，我们需要退后一步，估量一下我们使用的评价方法，以及我们向更广泛的共同体所传递的信息中所包含的价值观和信仰。这就是我们希望别人看到的吗？我们希望别人如何看待我们？我们需要敞开心扉，讨论自己的感受和价值观。从长远来看，这些价值观将帮助我们坚守自己珍视的原则，抵制自上而下的压力，以及目标驱动的但不是发展适宜的或不重视发展的方法与政策。

我们每个人的心里都有一个儿童形象。它一部分是由我们自己孩提时的经历塑造的，也有一部分是由我们有幸遇到的孩子塑造的，另外一部分是由关于"童年应该是什么样的"主流文化信仰塑造的。我们头脑中的儿童形象可能会导致我们对儿童的学习和发展采取一种缺陷的取向，即把孩子看作需要填补的空瓶子，是知识的被动接受者。或者，我们也可能把孩子构想成一个积极的参与者，一个有能力且自信的学习者，把他们所知道的和所能做的作为我们的起点。

纳特布朗（2006：134）认为，没有考虑孩子独特能力的评价是"不尊重的"。例如，以目标、年龄或阶段为依据的教学，基于预定的教学目标的教学，以及为了调查或跟踪一个组群的进度而设计的评价方法。显而易见，外部压力会导致人们采用不恰当的评价方法，这些评价方法往往时效高、易于管理、只需在选择框里打钩和填写儿童的概况。作为教师，我们可能会认识到观察和评价的价值及其重要性。然而，在实际操作中，如果我们把这些理念和方法都用进去也许还会遇到挑战。在一家招收了90个孩子的忙乱的幼儿园里很难找到片刻安静的时光，教师们忙于与孩子们讨论他们的游戏，或解读自己忙碌一天后产生的成堆的便利贴。一些教师谈到了自己在工作中面临的压力，例如，为了列举出教育成果以达到课程要求；为儿童设定不恰当的目标；为孩子们的能力设限，以证明儿童通过幼儿园的教育之后获得了能力的"增值"。幼儿园对其所提供的经验质量，以及这些经验对儿童发展结果所产生的影响，理应负责。在这些压力下，我们很难超越由英国教育标准局（Office for Standards in Education, Children's Services and Skills, Ofsted）或学校促进委员会（school improvement）规定的审核、目标设定和日常工作事项等"打钩文化"。教师们还在为2015—2016年试行的所有基准评价而争论不止。在一家幼儿园中,一位教师只是草草地把原本很丰富的信息记在便利贴上,把有计划的观察变成了一张只需打钩的清单,因为她觉得这对其他教师填写个人资料更有用。

我们需要注意,某些总结性的检查往往把儿童精彩的成就缩减成一些小的选项,然后进行打钩。因此,你要带头与其他专业人员,尤其是与那些从事0—2岁工作的人分享自己在开展评价过程中的一些好做法,这很有价值。

纳特布朗(2006)主张"尊重的评价"或"真实性评价"(Fiore,2012),这是全面的、情境性的评价,重视儿童、家长和教育工作者的平等参与,共同记录儿童的发展、进步和成就。事实上,"评价"一词来源于拉丁语,意为"坐在旁边"(Wiggins,1993)。里纳尔迪(Rinaldi,2006:25)说教师的角色就是"站在孩子们的旁边",她的话表达了同样的观点。这是一个强有力的概念:教师坐在孩子旁边,不是前面而是旁边,是学习中一个平等的伙伴,善于观察,随时待命。

尊重的参与性评价方法

《联合国儿童权利公约》(1989)第12条和《儿童法案》(1989,2004)规定,必须考虑儿童的意见,这引发人们关注全国各地的儿童服务机构、学校和幼儿园对尊重的参与性方法的引入。一些在全国或在国际上有影响的课程,都把儿童视为有能力的、自信的学习者,试图让儿童充分参与评价和反思自己的学习。这些做法都建立在维果茨基(1933)的理论基础上,即儿童与更具知识的他人共同建构学习。本章内容表明,应该有一个同样尊重、赋权的评价形式,与马拉古兹(1993)认可的强有力的学习相匹配。里纳尔迪(2004:1)将档案记录和评价描述为"爱与互动的行为"。

在这些幼儿园中,成人的作用是陪伴在儿童身边,帮助并积极地倾听儿童,这样他们在幼儿园中生成(可能的)项目或设计活动时,就能发现这些活动的意义。"倾听作为一个主动性动词,意在解释信息、给信息赋予意义和尊重提供信息的人"(Rinaldi,2006:65)。教师的笔记、照片、视频和录音在捕捉"儿童的一百种语言"中发挥了作用(Malaguzzi,1998:3)。档案是复杂的,且应该是全面的,档案展示的目的是促成儿童、教育者和家长之间的交流,形成共同的意义。通过这种方式,学习变得对所有人都是可见的。档案被当作一个参考依据,支持我们决定设计活动的方向,使儿童和成人对所发生的学习进行重新讨论和反思(Rinaldi,2006)。

深受瑞吉欧·艾米莉亚方法的影响,马赛克方法(Clark & Moss,2011:6)认可孩子的能力,将视觉和语言的方法结合起来,为发现儿童是"自己生活的专家"这一儿童观提供了一个框架。用于促进学习和共同建构意义的策略包括:观察、儿童会议、徒步旅行和地图,以及儿童用照相机拍照和绘画。然而,克拉克等人(2003)认为,这类涉及儿童并赋予儿童权利的做法,在儿童看来实际上是有侵犯性的,是对其内心世界和个人空间的侵入。

新西兰幼儿教育课程(Ministry of Education,1996)改善了人们对于儿童的看法,认为他们是积极参与学习过程的自信、有能力的学习者。孩子们不仅被视为学习者,还被视为拥有权利、兴趣、力量和需求的人,他们"准备好了,愿意并且能够"做出贡献(Carr,2001:9)。新西兰幼儿教育课程关于评价目的的描述是"向提供该课程的成人、儿童及其家庭提供有关儿童学习和发展的有用信息"(Ministry of Education,1996:29)。由于家长对自己的孩子有深入的了解,因此他们被视为可以提供评价儿童学习的有价值的视角。

让家庭有意义地参与课程的计划、评价和决策对儿童学习和发展至关重要。纳托尔(Nuttall,2003:9)指出,这体现了对儿童及其家庭的承诺,与许多西方教育机构中的权利关系相悖。在那些幼儿园中,教师被认为掌握着权利,由教师将孩子的进步告知家长,因为教师被视为教学与学习方面的专家。因此,我们必须确保教师加强与家长之间的伙伴关系,按照第 2 章的建议,以真正的伙伴关系促进信息的双向流动,并与我们目前分享的对两岁孩子的评价指导方针保持一致。

评价作为一种改革经验

评价有时被视为具有改革作用,可以引发改变或能够对儿童、家长和教师产生影响。一位教师分享了她对这个过程的看法,并阐述了这个经历对她未来准备幼儿园活动,以及自己的儿童观可能产生的影响(见"偶拾:具有教育意义的建构游戏")。

偶拾:具有教育意义的建构游戏

在那之前,我一直认为他是在浪费时间。然而,当我对他进行观察后,我开始明白他在建构活动中学到了什么。他在交流自己的想法和感受,做了设计方面的决策,尝试了各种可能性,还发展了许多建构技能。就在那一刻,我意识到自己不该劝他离开建构区去别的区域玩。我开始相信他的学习能力。他很活跃。在户外游戏区活动时,他教别人如何安装轮子。周末,他甚至帮爸爸修车。这开启了我与家长的丰富对话。之前,我从来没有想过评价可以帮助我与家长建立关系,或通过评价发现丰富的家庭背景。不言而喻,现在你可以看到,我们的学习之旅就是在向家长展示我们对孩子的了解程度、关注程度和关心程度。评价的过程给每个人都带来了归属感和贡献感。

随着这位教师尝试运用叙事方法分享自己的反思,工作中一些令人不安的事实开始浮出水面。她以前是否充分理解和重视孩子们的学习?以前有没有寻求过家长的意见?班上每个孩子都有故事吗?有没有哪个孩子是她"看不见"的？在进一步的讨论中，她不仅看到了叙述性评价形式所具有的通过个性化计划和准备对儿童未来学习产生影响的潜力，而且看到这种评价方法在加强关系、支持教师对儿童及其家庭的更深入理解方面的作用。彼得斯（Peters，2009）认为，叙事方法有助于孩子讲述关于自己的故事、他们与他人关系的故事。这可能有助于孩子获得自我价值感。和所有优秀的故事一样，叙事方法也包含复杂的角色、重要的情节和强烈的受众意识。它们是令人难忘的，值得分享、珍藏和一遍又一遍回味的故事。

全人发展

许多英国幼儿园的教育实践倾向于强调用图表呈现儿童在学习和发展中的个人进步。这种评价将儿童的学习和发展分解为身体、社会和认知领域，使儿童的学习脱离了其所处的社会和文化环境。然而，在幼儿教育研究者中，有一种趋势是对群体互动和社会学习进行记录和评价（Jordan，2009）。考伊和卡尔（Cowie & Carr）认为，教师应该将评价当作一种社会文化工具，不仅要捕捉儿童之间的互动，还要捕捉教师与儿童之间的互动和交流。因此，评价的目的是捕捉和吸引各方参与有关学习的反馈和对话。

不能脱离学习背景而孤立地评价学习者。卡尔（2001：ix）认为，评价需要记录孩子与"人、地方和事物"的关系。在这一点上，叙事方法很适合，因为它们把学习置于情境之中。他们还考虑了儿童的学习品质或"思维习惯"（katz，1993），如沟通、坚持、合作或宽容，这可以让我们更深入地了解作为学习者的儿童。重要的不仅仅是儿童在学习什么，还有他们如何学习以及和谁一起学习。

在将罗格夫（1990）提出的让课堂作为"学习共同体"的基础上，弗利尔和理查森（Fleer & Richardson，2009）提出了一个实践模型，用

儿童发起的游戏和学习

于解释儿童学习的总体概况。他们运用罗格夫提出的"学习共同体"视角，聚焦于个体儿童、儿童的人际交往和学习发生的文化背景，对一组儿童的观察情况进行分析。观察焦点的转移可以为个人、团体和更广泛的环境规划提供支持，引导我们仔细审查幼儿园的活动准备情况，以文化相关性视角审视幼儿园的资源、实践和日常活动。在维果茨基（1933）提出的最近发展区的基础上，有的学者提出，观察应该解释在成人或同伴的支持下儿童能做什么，作为共同完成者时儿童能做什么，以及在独立的情况下儿童能做什么。有些幼儿园将这些内容纳入他们的评价表中，给出带有背景的标题：孩子和谁一起工作？在"偶拾：胶带的黏性"中，我们看到一群孩子在一起学习。我们可以关注其中的任何一个孩子，既可以将其视为学习者个体，也可以把他们看作一个学习共同体，观察他们取得的成功，以及他们是如何成功的。

偶拾：胶带的黏性

泰勒、贝丝-安妮和马拉奇在创作区里做模型。围绕如何安装"机器人按钮"这一问题，他们展开了讨论。贝丝-安妮说，她要试试用胶水粘，但不小心将胶水滴到了她的模型上。观察了贝丝-安妮操作中遇到的困难后，泰勒决定试试用胶带粘。她把一段胶带剪下来，试着粘了几次后，泰勒发现这段胶带已经没有黏性了。她请马拉奇帮她剪，于是建议道："不如我把它拉长，你来剪？像这样……"他们一起合作剪下两段胶带，并对自己的行为很满意，于是去找站在离他们不远处的教师，把他们的成功告诉她。"嘿，看看我们做了什么……"后来，他们在分享时间向全班幼儿展示了他们新发现的技能。

儿童的认知发展不应优先于其他形式的学习。此类观察为我们提供了对儿童进行全面观察和评价的充分机会，使我们不仅了解儿童认知方面的发展情况，还能了解其个性、社会性、情感和语言等方面的发展情况。

拉弗斯（Laevers，1994）也指出了评价孩子的健康和参与的重要性。为了支持教师将这样的理念贯彻到实践中，他编制了"勒文学前儿童参与量表"（Leuven Involvement Scale for Young Children），这个量表在整个欧洲和英国的许多幼儿园中被广泛使用。他认为，我们在开始评价儿童的学习和发展之前，必须首先考虑他们的情绪健康水平，即儿童在环境中感到自在的程度；行为的自发程度；展现出的活力和自信的程度。因此，我们强调培养情感环境的重要性，即不仅要满足孩子们的生理需求，还要满足爱和情感需求。因为他们要有安全感，他们的能力和独特性也要得到重视。他提出，观察儿童的教师对儿童要有敏感性和共情意识，能"把自己放在孩子的位置上"（1994：8），这样才能对儿童的持久性、注意力、精神、面部表情和姿势等"信号"保持警惕。因为这些信号会传达出孩子对某项活动的投入程度。他的方法也有助于我们对自己所提供环境的可能性进行评价和评估。有关这方面的内容在伍德的著作中有深入探讨（2016）。

格莱扎德（Glazzard，2010）等人认为，我们还需要考虑一些因素，例如，孩子的幸福感，家庭和更广泛的文化对其产生的影响，睡眠模式，以及他们对人、地方或事物的偏好。在"偶拾：埃菲的睡眠模式"中，教师需要了解埃菲的家庭所提供的信息，以满足埃菲的需求，支持已牢固确立的家庭价值观。如果没有这些信息，他们可能会给埃菲准备一个午睡的地方，但这样就会对她的睡眠需求产生干扰，进而影响她晚上和家人在一起的时间。

>
> **偶拾：埃菲的睡眠模式**
>
> 父母去上班时，埃菲由祖父母照顾。她总是挨到很晚才睡，这样父母回到家后，一家三口还可以一起待一会儿。她和他们一起吃饭，一起社交，甚至和他们同时就寝。每次，她都跟着他们去参加聚会。她被父母和大家庭包围着，大家都围着她转。早上，她起床穿好衣服，然后去幼儿园。下午，累了，她就睡很长时间。

文化对儿童生活产生重要的影响，这种影响不应被忽视或低估。教师需要了解儿童及其家庭的文化背景。在运用文化适宜性评价方法时，我们重视并考虑这些文化影响是有意义的。例如，某家幼儿园的部分家长表达了对孩子肖像权保护的顾虑，有些家长以宗教为由拒绝他人拍摄孩子，这种情况下就需要找到拍摄儿童的替代方法。在另一家有大量职工家长的幼儿园中，教师通过电子邮件和短信与家长沟通。还有一家幼儿园意识到，社区中的人们使用多种语言，因此他们需要找到另一种可取代书面沟通的方式与家长沟通。

让儿童有意义地参与评价

卡茨（Katz，1997）认为，幼儿有能力，也应该参与有关学习和发展的自我评估和评价。为了做到这一点，我们需要找到让儿童有意义地参与评价的方式。许多幼儿园使用"如果你能做到这一点，请竖起大拇指"的评价方法，用微笑或悲伤的表情图标，或红绿灯系统，其中绿色表示"是的，我做到了"，红色表示"我需要帮助"。在我看来，这样的评价方法是肤浅的，因为这需要儿童克服来自同伴群体的压力。在一家幼儿园的回顾时间，我们观察到一个孩子在竖起大拇指之前，斜视了一下她的朋友。她看了看坐在自己一旁的孩子，而那个孩子当时正好在抓耳朵，于是她用拇指在自己的耳朵后面摸了摸。除非教师能一对一敏感地跟进，否则这种方法并没有价值。

如果希望孩子们在自我评价和同伴互评方面获得终身的技能，我们就需要建立有效反馈模型。成人可以通过诚实的反馈来支持儿童。教师要参与儿童的学习，尊重儿童的学习，而不是给他们一些诸如"拍得不错，好孩子"之类虽热情洋溢却很"空洞"的表扬。

高瞻课程（High Scope）将儿童视为独特的学习者，并采取主动参与的学习方法。该课程的核心部分就是"计划—做—回顾"的循环（Epstein，2008）。该循环承认儿童可以参与批判性思考，并试图让儿童参与对学习的日常计划和回顾。由于教师和儿童之间建立了亲密的互动关系，因此每天都有许多进行真正交流的机会。教师会问一些精心挑选的、适宜的开放式问题，如"你为什么这么想""接下来你会尝试什么"，并通过积极倾听来激发儿童讨论。为了增强儿童学习的内在动机，对学习情况的反馈要建立在鼓励而不是表扬的基础上，通过描述性的评论和具体的反馈来肯定孩子的学习，例如，"我注意到了你在图片中使用颜色的方式"。在这种情况下，儿童不会为了外在的奖励而做事，也不会刻意寻求成人的赞许。相反，在相互尊重的环境中，成人和儿童共享控制权，共同为自己的成就而感到自豪。

让儿童参与评价的最有意义的方法之一是进行真正的对话。这种方法对于发展持续共享思维具有很大的潜力。当两个或两个以上的个体以一种理性的方式"一起工作"，解决问题，澄清概念，评价活动或扩展叙述时，持续共享思维就会出现（Sylva et al.，2004：vi）。因此，持续共享思维为把儿童对自己学习的看法融入评价提供了一个极好的机会。这种开放式、探索性的方法包括，让孩子向他人描述、解释和证明自己的想法。通过这个过程，他们发展了元认知，并学会如何学习（Siraj-Blatchford，2009）。

在与孩子及其家人分享学习故事和档案袋时，可以寻找一个持续共享思维的焦点。随着时间的推移,我们会发现孩子们的绘画、书写和做标记的技能和控制力都有所提高。重要时刻的照片能唤起人们的思考和感受。孩子们总是不厌其烦地阅读关于他们自己的故事,倾听那些显示他们的聪明才智的故事。

整个小组或班级的学习记录可以给我们提供大量分享和反思的机会。在一天快结束的时候,某家幼儿园的教师询问孩子们希望在给家长看的公告板上展示什么内容,让在那里等着接他们的家长了解他们当天学了什么、想了什么、做了什么。孩子们选择了制作模型的照片,一些绘画和素描作品也被展示出来,儿童用口述的方式对这些照片和作品做出说明,并让成人将他们要说的话用文字抄写在上面:"今天我们一直在讨论有关'我们每个人是否都是一样的'这个话题。"有时,教师也会把孩子们的评论用言语泡泡的方式呈现出来。最初,他们用画架做公告板,沿着后面的墙将画板铺开,使所有展示的内容都在孩子们可以够得着的高度范围内。其他的幼儿园则采用不同的方法,如使用形象化的思维导图,很大的剪贴簿或"地板书"(Warden,2012),孩子们可以完全拥有并使用这些东西,通过照片、绘画、做标记和书写来记录思想、感受和想法,而且这些东西还可以用于小组的回顾、分享和庆祝活动。

偶拾:卡西娅的表征

卡西娅正试着画一幅他们在外面游戏的图画。她唱着"青鸟、蓝鸟穿过我的窗户",试图画出站在圆圈里的孩子们——"看起来不太对劲!"如果我一直这样画,他们的腿就会悬在空中。我得再试一次。她想了一会儿,然后画了一系列从圆圈辐射出来的线。"好了,就这么定了!"她微笑着对自己点点头。

在卡西娅身上,我们看到了儿童的自我评价,这促进了她对表征的准确性的理解,并对表征进行自我纠正,直到找到让自己满意的解决方案。

观察法会自然地引导儿童设定下一步的学习。当我们以一种儿童可以理解且有意义方式与儿童分享时，由此设定的学习步骤将是最有效的。波德莫尔和卢夫（Podmore & Luff，2012）继续用"旅程"的隐喻提醒大家，学习的旅程可以给我们一些方向感，但以线性的方式规划孩子的下一步学习是危险的，因为这可能会限制孩子的机会。我坚信，我们只能为孩子们设定可能的下一步。如果我们善于观察，那么孩子们自己就会向我们展示他们的下一步，正如一位教师在"偶拾：伊登的歌词"中回忆的那样。

偶拾：伊登的歌词

伊登把写好的东西拿给我看。为了让她在明天书写时可以使用大写字母和句号，我们讨论着下一步怎么做。第二天，她带着一页自己写的东西，蹦蹦跳跳地来到幼儿园。"伊登，你拿的是什么？"她回答说："歌词，我今天要写歌。"

在这里，伊登欣然地拒绝了教师为她计划的下一步，她为自己的学习和发展设定了自己的计划。因此，就像伊登一样，我们也应该拥有自己的实践，抵抗与我们的价值观不符合的压力。我们需要时间来反思和讨论自己的评价方法背后的目的，做出适合自己所处的背景、幼儿园、照护的孩子及其家庭的决策。

思 考 题

- 你心目中的儿童形象是怎样的？
- 你评价的目的是什么？
- 你认为，你的评价有什么价值？
- 你的评价报告中体现了什么样的价值观？

- 你的评价报告对儿童的学习会产生多大的影响?
- 作为教师,我们会在多大程度上将评价视为打开并加强教师与家长沟通渠道的机会呢?
- 作为一个共享的学习机会,你与其他专业人士一起基于良好的评价实践来引领培训的可能性有多大?

第8章 引领可能性

在前几章中，我们鼓励你对一些问题做出回应，因为作者们写作的意图就是激发大家思考。我们提供了别样的方式让你审视熟悉的日常活动、教育方法、环境资源，还请你透过若干镜头或视角去看幼儿园的组织方式。其中有些组织方式看起来也许会让人不舒服，有些则是有挑战性的，还有一些是令人兴奋的。要认同一种新的思维方式，接受一项新的任务，我们总会经历一些不平衡的心理过程，因为过去的认知或行为方式与当下的理解之间存在着差距或差异。作为成人，我们也有自己的"最近发展区"（Vygotsky，1978）。在最近发展区里，需要有某些人或事来推动我们，使我们突破障碍，获得新的理解或掌握新的技能。作为领导者和管理者，你的职责是既要让自己认识到这一点，同时也要接受教师团队在考虑或面对新的倡议、战略或观点时表现出来的倾向性。

和孩子们一样，教师积极的倾向性也需要培养。在最后一章中，我们将开辟一个对话空间，探讨你在工作中可能面临的问题和挑战。洛娜和我是同事，我们将在自己的专业领域、经验和实践的范畴内进行对话。我们邀请你参加这个持续的旅程，而不是试图到达某个目的地或获得某种答案。你是否到达某个目的地或有没有找到答案，均取决于你自己所在幼儿园的具体情境和可能性。

早期教育工作者是一个实践共同体（Wenger，1998），充满了活力，有着共同的可能性。如果我们接受这个前提，那么我们可以从这个问题开始探讨：

当存在阻力和持续的"主动性疲劳"（initiative fatigue）时，我该如何鼓励团队对可能性进行思考并做出改变呢？

洛娜·沃德尔：缘于立法和政府倡议所带来的结果，我们必须不断地面临改革的需求，带领我们的教师共同体克服改革带来的压力。这是有挑战性的，即使是经验最丰富的管理者也会觉得这不是件容易的事。善于应对改革的管理者要能识别主动性疲劳的征兆：员工可能非常失望，并抵制改革的实施。

面对变化，人们的反应通常是焦虑的。因此，作为管理者，你要意识到同事的个人问题，意识到他们可能对改革缺乏理解。库布勒-罗斯（Kubler-Ross, 1969）将人类应对变化的五个典型反应阶段作为应对周期的一部分。这有点类似于人类应对个人损失的方式。这些阶段包括：否认、愤怒、讨价还价、抑郁和接受。所有这些阶段都可能会让人变得消沉。虽然并非每个人都会经历这五个阶段，但有些人可能会以不同的顺序经历这几个情感阶段，也有些人会不止一次地重返其中某些阶段。这与理论层面对儿童应对变化的认识没有区别，也与儿童应对变化的过程没有区别，还反映了马斯洛（Maslow, 1954）形象化地提出的人的安全、情感和生理需求。为了激发出我们所有人的潜能，这些需求必须被满足。"我们如果希望在充满活力、相互信任的学习共同体中互相学习，就要考虑在创建这样的共同体时有可能存在的人际障碍"（Beatty, in Davies, 2007：124）。

戈尔曼（Goleman, 2004）等人描述了情商的发展会如何帮助我们实现愿景，尤其当一个管理者在社会意识和关系处理方面具有优势时。因此，沟通是表达你内心想法和反应的关键，也是与你的员工分享这些想法以实现充分讨论的关键。这与个人内部智能（自我意识）和人际智能（与他人协调）密切相关，两者对有效的领导都至关重要。

组织内部能否成功实施改革，取决于领导层的力量、团队成员的意愿与合作、组织的文化以及实施改革的过程。它必须反映出一种自信的，基于知识、研究和理解的信念。在改革的过程中，应该通过反思和团队合作去支持教师传播新的思想和信息，从而支持合作性学习理念。培养教师团队参与改革的能力，需要我们从强调顺从性，转向强调承诺。

安妮·伍兹：这听起来很完美！在领导有方的幼儿园中（Whalley，2008），每个人都准备好了，愿意并且能够带头提建议，欣然接受领导的可能性。作为管理者，你在采取措施时要展现如下能力：

- 确定并阐明集体的愿景，尤其是关于教学和课程的愿景。
- 明确共同的理解、意义和目标。
- 有效沟通。
- 鼓励反思。
- 监控和评价教育实践。
- 致力于持续的专业发展。
- 建立学习共同体和团队文化。
- 鼓励与家长、社区建立伙伴关系。

（Siraj-Blatchford & Manni，2007：28）

具有领导能力的管理者乐于接受建议，表现出改革的意愿，也会认真考虑那些有经验和创造力的同事、顾问所提供的一系列可能性，然后在幼儿园中创设赋能的环境。要问自己的问题是：是否有另一种管理员工的方式？它能兼顾来自教育实践和教育机构外部的要求，从而创建拥有与众不同的场所、精神风气和共同体的幼儿园。在这样的幼儿园中，日常工作要求、长期规划、常规活动和重复性活动，都不会把你与孩子及其家人一起工作的乐趣和创造力消磨掉。此外，自我反思变成你与同事之间定期的、协作性的对话，每一位独特的员工和积极的关系将成为团队合作的基础。

罗宾斯和卡伦（Robins & Callan，2009：104）通过思考英国《早期教育纲要》的四个主题，将有效工作与教师（和家长）联系起来：

每位教师都是有能力的学习者，他们有抗逆力、能干、自信而沉着。在与同事或关键人建立支持性关系的基础上，教师要保持强大而独立。环境在支持和扩展教师的发展和学习方面起着关键作用。教师以不同的方式、不同的速度发展和学习，所有的发展和学习领域都同等重要，相互关联。

（DfES，2007）

我经常会被要求这样做，但我怎样才能腾出时间与员工团队合作呢？

洛娜·沃德尔：早期教育中，领导者的日常工作包括：财务管理、债务催收、人力资源管理、行政管理，包括员工缺勤问题、管理操场和厨房、营销和销售儿童学位，以确保机构保持一定的学位占用率。对幼儿园的管理者来说，肩负如此繁多的职责导致自己越来越难找到时间做自己期望做的事情。管理者的大部分时间都用在行政工作或者人力资源工作上，因而难怪你们中的许多人都感到超负荷，不清楚如何找时间来规划和实施新的思路，尝试新的实践。

安妮·伍兹：你也许可以选择在另外一种以学校为本的环境中担任领导者。在这样的学校里，课程、员工、更多的设施、跨专业会议、高层管理以及学校改善等问题的解决均优先于财务问题。这里似乎没有多少时间和机会推进基于儿童的兴趣、多样化的社区活动、家庭庆祝活动和天气条件的计划。我们承认，所有幼儿园都有其独特的压力点，无论你多么有经验，无论你工作的环境受到什么样的限制，但是如果你能思考不同的方式处理事情，你也许就能很好地腾出时间和精力去高效地做事，使员工们更目的明确地做事，而不仅仅只是确保所有任务完成。

洛娜·沃德尔：为了成功地管理时间，我们需要对现在的组织结构进行审视。通常情况下，如果幼儿园领导者能根据轻重缓急有效地把工作安排好，将某些任务委派给中层管理者（如部门主管和教学助理），他们就能更成功地管理自己的时间。妥善地授权是建立团队士气，给个人赋权和平衡工作量的最佳方法之一。走向权利分配的文化，使教师能够发展自身的技能和知识，对自己的行为负责。我们知道，儿童需要能允许其探索，鼓励其学习的环境。这对我们教师来说没什么两样，教师就像孩子一样，也需要在支持和鼓励下冒险，探索新的思维方式、实践方式。

安妮·伍兹：在赋能的环境里，让婴幼儿有时间去探索和重访，就像成人需要时间来调整新的工作方式一样。皮亚杰谈到，要同化新想法，直到这些想法能够被运用到日常行动中。我们不仅需要考虑员工发展的时间，还需要考虑当孩子们处在快要懂了或"最近发展区"时，我们的作息时间表和一日生活常规在多大程度上扰乱了孩子们头脑中生发出来的有趣的想法和情感。

偶拾：让学生成为引领者

我们上周参观了一家私立托儿所，他们强调员工之间建立伙伴关系的价值。一名实习生提出了一些创新而切实可行的想法，在婴儿室里增强婴儿的感官体验。其中包括在透明的瓶子里装各种不同的物品，然后将其放在低矮的窗户前让阳光照到它们。这些瓶子足够小，婴儿可以用手将其握住。把这些瓶子放在婴儿爬行的高度，就可以取代用于遮挡自然光线的字母带。

托儿所的经营者很高兴实习生给他们提了这个"急需提升"和"免费的在职业务培训"的建议。很多时候，教师和学生可以根据自己的经验或实践提出不同的想法。回忆有影响力的托幼机构、浏览过的文章，以及增加员工数量，这些策略也许都考虑到了"可能性思维"（possibility thinking）。

洛娜·沃德尔：你专注于员工队伍的发展，并为教师专业发展投资时，就有可能成功地实施有效的做法，提供高质量的教育。对早期教育教师来说，经常进行深入而主动的学习是很重要的。在日常工作中，这种学习是真实且有用的。团队会议和绩效管理系统可以作为一个平台，用于审查和评估团队成员对自己职责的理解，分享信息、交流想法、鼓励个人为自己的学习负责。领导者需要与其所管理的组织中的每一位成员接触，一起反思个人的内在品质。这能让每个人了解自己的角色、职能和发展领域。这样做的目的是解放个人，让其在自身的学习中发挥主动性，同时创设激励每个人都茁壮成长的环境，形成拥有共同愿景的文化。这样，整个团队的信任感和合作感就会逐渐形成。

安妮·伍兹：绩效管理常常不被信任，令人担心。如果情况果真如此，那么同行观察、共同反思、开放性讨论和评价就不会像期待的那样经常建设性地发生。领导者和管理者应该具备向其他教师提供非正式反馈的经验，就像我们积极地鼓励孩子们一样。例如，"今天的故事讲得太棒了！""我在想，如果午饭前每次只带几个孩子去洗手而不是大家一起排队，情况又会怎样呢？你不妨试一试，看看让他们多玩一会儿，他们是不是会更高兴?"这样的反馈体现了你对团队中每个个体的认可,使员工与你一起工作时获得内在的满足感。纳特布朗(2012:4.25)认为"所有员工都有能力学习、反思,改进自己的实践"。这应发展成为一种对待评价的健康态度:大家共同就个人的、专业的和战略性的目标,以及下一年的可能性进行讨论,并愿意参加员工会议的讨论。如果你从属于一个网络,那么你可以设立一个类似于你自己幼儿园的"思想交流会"。新西兰的许多创新中心采用视频的方式观察儿童,并在中心内开展讨论,共同思考不同的教学方法。要记得鼓励那些正在接受培训的员工分享新的想法,并让他们看到这些新想法被采用。麦克尤恩(in Woods,2016:85)写了一篇关于教师参与角色的文章,其观点很有说服力。

由国家战略(National Strategies)资助,并于2007年发布的"通过领导力提高质量"(Developing Quality through Leadership)项目,记录了六家幼儿园在引入同行观察之后的进步。这六家幼儿园都接受了反思性实践和同行观察的培训,受训教师必须用自己在培训中获得的信息给幼儿园的教师团队做二次培训。他们还鼓励这些幼儿园规划观察时间,配备充足的师幼比,以确保幼儿园的运行不会因此受到影响。引入同行观察系统给六所幼儿园带来了非常有益的影响。因此,项目结束后,他们继续把同行观察作为实践的一部分。他们记录了幼儿园根据观察结果所制定的一些规定。显然,该项目充当了"改革的催化剂",使领导者、教师、孩子和家长都有了明显的进步和改变。考察该项目对员工的影响是特别有价值的。员工说:

- 感到"被赋权"和"被鼓舞":每个人的贡献都是有价值的。
- 感受到更强烈的归属感,对周围发生的事情有更多的主人翁感。
- 改进团队合作方式,能够更好地进行沟通。
- 增强了信心,尤其是在为儿童计划,帮助他们理解下一步行动方面。
- 提高了观察能力。
- 因为得到更多的赋权而发展了自己的领导技能:"天生适合当领导者的人"出现了。
- 对培训及专业发展更感兴趣。
- 更多地参与对自己所做工作的评价。
- 提高了读写能力。

(National Strategies,2007)

偶拾:我们一定要这么做吗

作为我们正在实施的"有效的早期学习"(Effective Early Learning,EEL[1])和"有效的婴幼儿学习"(Baby Effective Early Learning,BEEL[2])项目的一部分,我和我的副手参加了同行观察培训。在一次会议上,我们与全体员工讨论了这件事情。他们都很担心。一名员工问,她是否"必须"这么做。我们倾听他们的担忧,并试图解决他们的问题。随后,我们用 EEL 和 BEEL 的录像片段进行训练,然后组队出发。他们很喜欢这样,因为觉得这样安全,且与他们无关。为了这个项目,我们观察了成人,同时也对儿童进行了观察。在当天快结束时,我们把我们做了什么告诉他们,并把所有的观察结果都给他们看。他们对结果非常满意,这表明他们的参与度很高。从那时起,他们都参与了观察工作。项目结束后,作为一个团队,我们对这个过程进行了讨论。大家都希望继续进行同行观察,因为他们喜欢这样。他们发现,通过观察别人,自己也在学习。他们喜欢互相支持,所以我们打算把同行观察纳入我们的监督和评价系统中。

洛娜·沃德尔: 为促进参与性共同体的发展,我们需要建构一个重视合作的基础性结构,设定共同的目标。许多幼儿园中的教师仍在"合乎

---

[1] 该项目旨在评估和改善托幼机构中儿童的学习质量。——译者注
[2] 该项目着眼于婴幼儿和成人的参与,以及开放性的材料和环境,进而鼓励婴幼儿专注、快乐地游戏。——译者注

规矩"的文化中，而不是在参与性文化氛围中工作。参与式管理与情绪智力的测量有显著的相关性。作为第一步，要让你的整个团队都有机会参与专业讨论，就概念、潜在的优势、问题和创造性解决方案进行讨论。以积极的方式组织团队会议，你就会营造一种精神氛围：所有的教师都觉得自己受到重视，感到有以不同的方式思考的动力，并愿意承担额外的任务和职责。同样，这也在纳特布朗（2012：4.32）的建议之前发起了行动，即"要求幼儿园提供（英国教育标准办公室）关于如何支持员工发展和需求的证据，以及关于持续专业发展（Continuing Professional Development，CPD）和培训计划的描述"。

除了对员工进行评价之外，管理者还可以通过监督来培养和发展员工团队，从而提高服务质量，为儿童创造更好的机会。应该认真管理和妥善规划改革，以防同时出现过多需求，从而成功地提高质量。领导者和管理者如果能有效地与各级工作人员进行双向沟通，就会创造出开放且相互尊重的文化氛围，对员工的道德产生积极的影响。一对一的讨论、中层管理者和年度团队会议、处室的团队会议和全体员工会议等沟通策略，为支持和发展员工团队之间和同事之间的关系奠定良好的基础。

第 8 章 引领可能性

偶拾：团队会议

日托中心的管理者过去常常以员工会议为契机，提醒员工注意中心的某些政策和工作程序。她认为，这是一种非常合适的方法，能提醒员工中心对他们的期望。经过反思后，她意识到自己在不断地重复，于是她决定改变自己的做法。她定期召开员工会议，与团队成员沟通自己的目的和目标。她为教师们提供分享"自己观点"的机会，使员工们能以集体协作的方式一起工作。在几次员工会议后，她注意到团队成员可以进行高水平的讨论，相互之间展开了对话，在儿童保育环境目标上达成了共识。资历较深的教师和另外一些教师在早期教育的某些实践领域中充当着引领者和改革的促进者角色。管理者利用团队会议来培训和发展教师的某些学科知识，并对他们的某些学科知识，如"安全措施"进行评估。团队会议成为了内部培训。此外，员工的协商程序也开始实施，这使得所有工作人员都能发表意见，从而感到自己是改革进程中的一部分。

安妮·伍兹：然而，你可能会发现，作为幼儿园的高层领导者，如果你每周大部分时间都在办公室工作，埋头于必须完成的文书工作，那么你将无法看到、听到和感受到你的幼儿园所提供的教育。去玩，和宝宝们坐在一起；与关键人、孩子们一起吃午饭；抓一件防水衣到水坑里去戏水；和同事们聊聊一天的"共享时光"。然后，你就有机会在行动中反思，或充分发展一个实践共同体。示范是一个重要的工具，能使新手成为团队中可靠的一分子，在本章后面部分我们将对这个问题进行深入讨论。

有效的领导者会认识到改革是不可避免的，自己所领导的人是改革过程的一部分，能够对改革进行计划和管理。因此，最好把改革视为一个过程，而不是一个事件，对过程本身的管理将在很大程度上影响着改革实施的成败。

（Siraj-Blatchford & Manni，2007：15）

纳特布朗对此回应道：

我最感兴趣的是对教育学有着深刻理解的领导者——在幼儿园里，领导者直接与孩子们一起工作，以身作则，支持员工的工作，鼓励反思和改进。虽然与幼儿园日常运转有关的管理很重要，比如人员配置、计划和预算，但我经常听到高素质、有才华的教师说（指幼儿园的领导者），自己在办公室的时间太长了，与孩子们在一起的时间太少了。

（2012：5.5）

克拉克斯顿（Claxton，2002）认为，领导者担负着成全、鼓励和评价他人的职责，因此要把具备终身学习的品质视为领导者的基本素养。罗德（Rodd，2006：37）引用克拉克斯顿的观点，提出领导者应具备：

- 抗逆力（准备就绪，愿意且能够锁定学习）。
- 应变能力（准备就绪，愿意且能够以不同方式学习）。
- 反思能力（准备就绪，愿意且能够变得更有策略性）。
- 互惠能力（准备就绪，愿意且能够单独学习和与他人一起学习）。

因此，培养可能性思维可以从你做起。这是一件很难的事情。但是想想每次迈出一小步去影响自己和他人做出改变所带来的成就感和满足感，你就会认为这样做是必要的！那么，每天都用"如果……将会怎样"训练自己提出问题，形成想法吧！

如果等级制度业已形成，那么我们该如何创建共享性的实践共同体呢？

第8章　引领可能性

洛娜·沃德尔：在一个层级化的组织中，幼儿园的管理者可能觉得很难实施改革。学前教育阶段的负责人也同样面临着这样的挑战。他们要捍卫儿童的游戏、主动学习、探索，以及沉浸在自己项目中的权利。组织的结构、方法或系统经常会对你推行的改革产生阻碍。在这种情况下，你要展现出领导者老练而宝贵的经验，鼓动和教育教职员工在需要时做出改变，并让他们做好接受改革的准备。教育机构通常都有一个共同文化，那就是肩负着提高教育质量的承诺。所有在早期教育部门工作的成人都有责任不断地改进教育条件，为改善儿童的发展而努力。富有创造力的领导者工作积极性高，致力于为儿童提供最好的机会，有着为儿童及其家庭提供"优质"服务的抱负。此外，也要鼓励那些掌权者为了改进实践而对教育准备情况进行自我评价。要提醒幼儿园的所有者、高管或园长，他们有责任思考、信任新的思维方式，从而保持和改善"卓越的"实践，这一点非常重要。

早期教育领域永远在变化，需要我们以开放的心态审视新观念。其中，层级结构可能会抑制组织的创造力。对私立的幼儿园来说，这种层级结构可能恰恰反映了领导者缺乏专业知识和专业理解，反映出他们对那些负责较大儿童的教师的培训是从"入学准备"的角度出发的。你的职责之一就是教育那些管理他们的人和他们所管理的人。提醒自己，你的领导角色是被任命的。你要有信心，相信凭借自己的技能、知识和专业资格可以保持和提高早期教育质量。学会有效地沟通你的愿景，尊重彼此的目标，至少要各退让一半。你要准备投入时间、精力和耐心，让员工相信你愿意尝试不同的事情。这就是说，你不仅要具备与自己相处的技巧，还要学会与他人相处。

儿童发起的游戏和学习

偶拾：任命管理者

幼儿园管理者的一个很重要的工作职责就是保持和提高学位占用率。为了保证稳定的收入，管理者一直承受着推销学位的压力，负责收集、监控和追踪家长的费用支付情况。收费是一项持续的任务与挑战，这占用了大量的时间。某位管理者意识到，经常盯着收费情况制约了她的能力，使她不能把精力集中在领导力问题上。她建议老板再任命一名管理者来帮助她关注支付进程，并承担一些管理任务。管理者被任命之后，她就有时间做观察了。她向员工团队示范最佳实践。在教师工作时，她通过示范，展示如何在有效的师幼互动中支持儿童的语言发展。

即使作为幼儿园的主管或经理，我也时常感到缺乏内驱力和动机。在越来越具有挑战性的环境中工作，我该怎么办？

洛娜·沃德尔：教师、领导者和管理者也会失去动机、内驱力和自信，特别是在组织或财务方面遇到压力而感到沮丧时。遗憾的是，一旦领导者失去了工作的动力，周围的教师可能也会缺乏动力，从而对他们的行为和表现产生负面影响。"抑郁"的文化使灵感、动力和积极态度被激发的可能性降低。高效的领导者都会塑造一种乐观的形象，无论周围的人情绪如何，他们都会报以积极的回应。高情商是有影响力的领导者的一个宝贵品质，也是成功地领导一个团队不可或缺的条件。

我们认为，领导者的根本任务是让被领导的人对其心生好感。当被领导者与领导者之间产生共鸣时，这种好感就会产生，这就是释放出人性中最好一面、积极向上的"蓄水池"。因此，从根本上说，领导者的首要工作是情感方面的工作。

（Goleman et al., 2004：ix）

因此，具备管理自己情绪的能力是很重要的，因为有了这种能力，你就能理解和管理你周围的人。领导者要能够识别员工的情绪反应并做出恰当的回应，而不是让消极情绪在整个团队中蔓延。当你感到压抑时，试着有意识地感知这种情绪。尽管你不能让自己最初的这种情绪终止，但是你可以有意识地控制自己的行为，进而影响最终的结果。领导者对自己的团队负有责任，要能够控制团队成员的焦虑等情绪，树立用积极的态度面对困境的榜样，鼓励他人以积极且专业的方式应对困难。通过反思自己的行为特质，你在情商方面的技能和能力将得以发展，这有助于你对自己及所管理的人保持兴奋和热情。

安妮·伍兹：这些都是管理者应具备的有挑战性的技能和应承担的责任。作为领导者，可通过"引导式参与"来选用导师和更有经验的领导者（Rogoff，2003）。他们必须克服这些内在的个人特质。随着时间的推移，当面对变化时，他们还必须适应、改变和即兴发挥。他们将帮助你认识到已经开发成功的战略和系统，以及如何组织你的想法和方法来完成一项新的任务。重要的是，要保持冷静，不要太快做出反应，而要花些时间对这项新工作的所有方面进行思考……通过正向的领导力让你的团队参与进来，定期进行面对面的交谈，避免过度使用电子邮件。领导力要确保当关键领导者或员工离开时，团队具有连续性，能够持续推进其愿景和方法。

示范有效做法是如何演变成监督的？

洛娜·沃德尔：英国《早期教育纲要》规定：在监督中，应该为员工提供如下机会：

- 讨论问题——特别是有关儿童发展或福祉的问题。
- 当出现问题时，确定解决方案。

儿童发起的游戏和学习

- 接受辅导,提升个人效能。

管理者和领导者在教师学习和发展中的作用日益增强。我们已经从以前的确定员工的培训需求,转向为为其提供职业发展和学习的机会。这种倾向也越来越多地反映在"学校导向"的培训模式中。监督为管理者和员工都提供了讨论和表扬绩效的机会,从而重视员工,也确保员工感觉到自己受到重视。有效的监督提供了自我反省的机会,鼓励员工发展技能、知识和行为。重要的是,对员工的监督是一个支持性过程,从员工接受聘用时就开始实施。要确保员工清楚地了解幼儿园是如何运作的,让他们充分意识到自己的角色和责任。依据我的经验,顺利的入职程序、持续地监督和支持,会让员工觉得被欣赏,积极性也会被激发。我建议领导者和管理者至少每半年与同事进行一次一对一的会议,以支持每个员工的学习周期。当管理者和领导者成功地把这段时间留给同事时,员工就会感到受重视和支持。因此,整个员工团队就会形成一种相互协作的学习文化。员工个人持续专业发展的一个重要方面是同事之间的合作,以及有效的监督和指导。

指导(mentoring)和辅导(coaching)是提高早期教育团队绩效的有效方法。很重要的一点是,我们要意识到指导和辅导之间有着根本的区别。"指导"既关注专业发展,也关注个人发展。指导者通常不是管理者,而是具有类似职能的、更有经验的教师。"新入职的教师至少应该在头六个月接受指导。如果幼儿园的评级低于'良好',那么这种指导应该来自外部"(Nutbrown,2012:Recommendation 14)。辅导是一种非正式的方法,涉及个人专业绩效和成果的具体领域。教练通过让个人执行一系列任务,使他们从经验中获得学习,促进他们发展。

示范实践是另一个强大的学习和发展工具,用于教师教育,知识和技能分享。当教师观察活动时,示范可以让其很容易地理解如何将原则应用到实践中。如果做得有效,示范会有动态的效果,它可以激发和激励每个员工的进一步学习。示范实践有助于良好实践的可持续发展，减少培训成本，提供"根据儿童的需要，进行创新和创造的自由"（Nutbrown，2012：4.33）。

尽管对管理者和领导者的时间提出了各种挑战和要求，但作为示范过程的一部分，安排对话、反思和汇报的时间是很重要的。这些都是必要的，可以确保学习和理解的内容明白、易懂。作为致力于早期教育师资力量建设的管理者和领导者，你必须克服这些障碍，提供机会，帮助团队提高技能，学习知识。示范实践可能是向团队传递信息的最有力的方式之一。我们不仅从别人告诉我们的东西中学习，而且从观察别人的行为中学习。

偶拾：鹰架教育实践

管理者在支持儿童的语言使用方面，为教师示范师幼互动策略。请一名教师做观察，观察管理者与一小群孩子之间进行的持续10分钟的互动式故事会。之后，管理者和教师一起讨论鼓励儿童说话的沟通技巧。

这次讨论给教师提供了参与对话并主动对所观察的活动进行提问的机会。这是一种有效的方式，不仅有助于教师建构关于互动式故事会的知识，也发展了与儿童互动时具备的理解技能。管理者通过示范的方法，对教师的学习进行鹰架。

儿童发起的游戏和学习

偶拾：舒适的宝宝

尽管大家已经为宝宝室里舒适区的创设提了许多实用的建议，但是宝宝班的教师们仍然没有把舒适区创设出来。于是，我决定借用一些材料与教师们一起创设舒适区。在接下来的一周，我带着材料箱来到这里，让教师在一旁观察，我把教室的一个角落改造成了一个淡紫色的舒适区。这个过程花了不到15分钟。教师和经理都很惊讶地发现，这个如此迅速创设出来的区域只是用了一些低成本的材料：一床旧被子、淡紫色的毯子、靠垫，还有一个大篮子，里面装着各种有纹理的紫色和淡紫色的物品，宝宝可以伸手去够、抓、探索。然后，我们通过宝宝的视角进行想象，躺在这里感受这个空间多么舒服。我们抱着柔软的玩具和坐垫，就这个区域给我们带来的感受进行有趣的对话。

三天后，我到宝宝班去收回我的材料。我被教师们用他们自己的材料对环境所做的改造"惊呆"了。他们创设了一个淡紫色的区域，里面投放了有质感的毯子和靠垫、悬挂的织物、柔软可爱的泰迪熊，还把一些有纹理的东西展示在宝宝的视线高度。他们告诉我，其他班的教师是如何把家里的紫色东西捐赠给他们的，家长又是如何积极评价的。一些宝宝抱着泰迪熊坐在一旁，另一些宝宝则坐在那里探索篮子里的东西。

向教师提供绩效反馈，有助于他们理解自己如何才能成功地改进实践，提高教育质量。幼儿园的组织内部形成相互支持和合作的文化，会在实践的不断改进中有所反映。360度评价体系是一个很好的工具，它鼓励更开放的文化。运用360度评价体系，每个人都可以获得不止一个人对其表现的看法，他们也会对自己的表现进行自我评价，同时从同事、管理者和家长那里获得反馈。传统评价体系的局限性在于，评价是由管理者完成的，而管理者并不总能看到教师在日常工作中的表现。360度评价体系提供了对个人的优势、整体表现和发展需求的全面概述。它为教师提供了一个反思自己实践的机会，也有利于教师更好地认识、了解不同的人是如何看待作为专业人士的自己的。

> 班上的一位教师因承担了监督和评价工作而要暂时离开孩子们，但我们又没有其他人来带班，从而保证师幼比维持在正常水平。

洛娜·沃德尔：为同行评价和互动提供资源与机会的幼儿园，形成了一个学习共同体。为教师提供适当的发展和学习机会，改进他们的工作表现，有助于保教质量的提高。那些高度自尊和自信的教师更有可能让孩子也充满自信。

安妮·伍兹：一段时间以来，学校让教师在一定的时间内完成日常管理和计划任务。为让这件事得以解决，许多学校聘用了工作人员，其职责就是维持正常的师幼比例，但不固定在一群孩子、一间教室或一个班级。他们将成为非常有价值的团队成员，是与整家幼儿园的需求、兴趣和常规合拍的人。无论是全职还是兼职，当员工担任这一角色时，他就会与儿童的关键人形成指导和支持的关系；与教学助理和主班教师建立联系；与儿童建立联系，还会从另一个角度审视组织。幼儿园的领导者要对这个可能性模式的优势、机会和成本进行分析。要把假期、生育和疾病保险都纳入整个分析过程中，可以雇用对幼儿园情况熟悉的教师，让他为员工提供这些，但可能的缺点是每隔一两天就要联络不同的代课教师。

对新员工的监督和指导是长期入职培训中必不可少的组成部分，应该培养一种真正的集体意识。在这里，同事的优势、他们希望发展的领域，以及持续的专业发展是幼儿园风气中持续而受欢迎的部分。已经得到认可的员工可能会觉得这很有挑战性，你如果是第一次启动这个系统，就很有必要用几次员工会议来解释它的目的。然而，当你是主管时，要让你的员工知道你在积极倾听，并愿意适应、提供和倡导其他观点、实践和可能性，这是很重要的。监督不是一个单向的过程。

儿童发起的游戏和学习

学生、实习生、早期教育工作者和新近取得资格的教师都对新方法感到兴奋，这种感觉很危险。我要如何确保安全呢？

偶拾：新的方法

作为一名新员工，我在副经理的监督下工作。在我们讨论的过程中，有人问是否可以尝试为不能移动的婴儿提供更多的感官活动。我一直对启发式游戏和宝物篮非常感兴趣，我想给孩子们创造机会去探索像沙子、水和更大的鹅卵石这样的材料。有人告诉我"这是不被允许的"，可能会违背健康和安全指南。一方面，因为以"新的眼光"看待实践，我受到了赞扬，但是当我被监督的时候，我又觉得改变的可能性不会被讨论、考虑，或不会受到欢迎。我找不到任何指南或立法依据，规定我们不能给婴儿提供沙子和水。

洛娜·沃德尔：早期教育教师常常担心自己给婴幼儿提供的某些体验会对他们的健康和安全产生影响。健康与安全指南并没有指出婴幼儿不能玩沙子、水、土壤等。教师的作用和职责是决定可以采取何种措施预防儿童受到伤害，避免感染传播，为儿童提供丰富而宝贵的学习经验。因此，要保证所有的教师在风险评估和管理方面都是训练有素的，可以为儿童识别可能的危险，在风险大大降低和活动丰富的环境中工作。

安妮·伍兹：这似乎表明了幼儿园的领导者要更广泛地关注各个方面。在这里，似乎需要考虑：

- 过多的指导和建议，有些是法定的，有些是忠告，还有些是道听途说的，可以用来促进和保持各种实践。
- 在公开讨论中，应让所有员工表达自己的想法，支持他们进行尝试，为孩子们的日常生活提供准确、合理的一日常规。
- 作为员工权利的一部分，在入职培训、指导和监督中进行专业讨论；定期分享想法，详细阅读指南和立法，将必要的做法与我们不愿或无法提供的做法区分开来。
- 教学反思应重在充实，而非争论，它应该是你所在的幼儿园可能性拼图中自然而关键的一部分。通过频繁的讨论，当新的倡议和策略被提出时，你会感到自己被赋予了自信的力量。尽管这些倡议和策略也许与你所在幼儿园中已经建立的合理、有效的做法相矛盾或有冲突。
- 员工会议定期聚焦于儿童观察，确保儿童成为工作的核心。这也会让每个人都有机会巧妙地讨论不同的观点（见第1章的"偶拾：克劳迪娅的水坑"）。

当教师尝试由导师、同事、本书作者和我读过的文章所推荐的一些方法时，我感到忧虑。我不确定自己是否有信心去挑战那些已经被推广和实践过的模型和策略，并且似乎还要对外来的顾问或检查人员负责。万一出了岔子怎么办？

安妮·伍兹：我们写这本书的目的不是吓唬你！我们所介绍的理念经过了多年的推广和讨论，贯穿了许多早期教育方法和国际上的课程。我们希望你认真思考其中的一两个观点或改革实例，反思支撑作者观点的价值观和信念。这将帮助你更有信心与你的团队和当地顾问展开对话。不知道所有的答案是正常的：像孩子一样，乐趣在于通过实验和实践来理解。你可以用"我想知道我们是否可以……"这样的话语表达你应对变化的第一个想法，从而既欢迎又接受别人的不同观点。我们都曾尝试过与孩子们一起进行一些活动，但结果往往事与愿违。但是，孩子们可能会体验到乐趣和成就，这对成人来说也是一样的。

读科特雷尔·博伊斯（Cottrell Boyce）的评论很有趣。2012年伦敦奥运会开幕式后，他因受到公众的好评而开始写作，说：

> 丹尼·博伊尔（Danny Boyle）创造了一个空间，在那里没有人害怕发言，没有人必须坚持自己的专长，没有人害怕说听起来很愚蠢或不合时宜的话。他让我们回到了选择职业之前的样子，回到我们还在犹豫的时候。
>
> （2012）

作为领导者和管理者，你不是一个人在行动，关键在于共同实践。埃尔弗（Elfer, 2012: 135）在最近的一篇文章中说，"管理者应该解决任何问题，处理任何情况。人们对管理者有期望，而且常常期望他们无所不能。共同实践是大家期望的实践。它已经被引入、讨论，并且准备就绪，因此它有着潜在的可能性。曼宁－莫顿（Manning-Morton）提倡参与者：

> 让自己成为专家，参与孩子学习和发展的困难方面，包括他们自己不足的一面。他们要看到自己的动机，了解自己从何而来，并通过获得有关自己的知识，更好地理解和调整自己对儿童的反应。
>
> （2006, cited in Powell & Goouch, 2012: 124）

规划意味着明确的未来行动方案：这是我们的目标，这些是我们将要采取的步骤。对我们来说，规划意味着不为了形成风气而规划，而是正在形成一种风气，如价值观和反思性的开放关系，规划始终在一个杰出的或良好的水平运行。因此，规划就是要确保每个孩子都有充分的机会与我们一起享受、发现、分享和学习，确保所有的家长都参与进来，以对话的方式向他们请教，进而为孩子的发展安排活动。作为领导者，这意味着你的团队将知道，你是所有常规、教学方法和风气得以实践的原因。这将通过共同建构，员工发展和讨论，问题解决，实验以及提建议，尝试和重新开始来推进发展。所有员工都将参与到幼儿园的建设过程之中。对我们来说，这就是规划。员工们抓住机会，对可能性进行讨论，当受到幼儿园外部的挑战时，他们能够发出自信的声音。如果新来的儿童及其家长、实习生、顾问、英国教育标准局的检查人员将于明天抵达，希望你做好准备，愿意并且能自信地向他们展示和证明你的工作。

思 考 题

- 你如何鼓励同事进行反思和对话？
- 在你的员工团队中，你是如何促进和区分学习的？什么时候开始与他人一起学习？
- 你如何帮助员工克服改革中的障碍？
- 在你的幼儿园中，有哪些可以支持和激励员工承担额外任务并发挥领导作用的机会？
- 在这本书中，你会用哪些"偶拾"来引发思考和对话？
- 你最近一次成功地调整日常工作是什么时候？你为什么要这么做？是怎么做到的？
- 你如何庆祝并保持持续的改进？
- 如果现在你已经实施了定期监督，那么你是和同事一起进行的吗？员工在多大程度上体验到了自己的声音，并为自己的学习付出努力？你能走多远？
- 如果你可以向本书的任何一位作者提一个问题，那么你会提什么问题？

参考文献*

前言

Curtis, A. and O'Hagan, M. (2003) *Care and Education in Early Childhood: A Student's Guide to Theory and Practice*. London: RoutledgeFalmer.

MacNaughton, G. (2005) *Doing Foucault in Early Childhood Studies: Applying poststructural ideas*. London: Routledge.

Moss, P. and Petrie, P. (2002) *From Children's Services to Children's Spaces: Public policy, children and childhood*. London: RoutledgeFalmer.

Taguchi, H. L. (2010) *Going beyond the Theory/Practice Divide in Early Childhood Education: Introducing an intra-active pedagogy*. London: Routledge.

Woods, A. Ed. (2015) *The Characteristics of Effective Learning: Creating and capturing the possibilities in the early years*. London: David Fulton.

Woods, A. Ed. (2016) *Examining Levels of Involvement in the Early Years: Engaging with children's possibilities*. London: David Fulton.

---

* 为了环保，也为了节省您的购书开支，本书参考文献不在此一一列出。如果您需要完整的参考文献，请通过电子邮箱 1012305542@qq.com 联系下载，或者登录 www.wqedu.com 下载。您在下载中遇到问题，可拨打 010-65181109 咨询。

编者简介

维多利亚·布朗（Victoria Brown）：曾在英国诺丁汉特伦特大学（Nottingham Trent University）从事了 10 年的教学工作，担任早期教育和小学教育专业的高级讲师。现在，她重回课堂教师的身份，并搬到了康沃尔工作。她负责撰写本书的第 7 章以及第 6 章的部分内容。

凯瑟琳·格里普顿（Catherine Gripton）：曾在英国诺丁汉市和诺丁汉郡任教 14 年，教授 3—7 岁的儿童。现为英国诺丁汉特伦特大学早期教育教师和小学教师职前培训的高级讲师。她负责本书第 1 章的撰写。

瓦尔·霍尔（Val Hall）：英国诺丁汉特伦特大学儿童研究专业的高级讲师，也是一名经验丰富的特殊教育教师。她负责撰写本书第 4 章的部分内容。

坎迪·霍金斯（Cyndy Hawkins）：高等教育学院的教学顾问和研究员，曾在英国诺丁汉特伦特大学担任儿童研究专业的高级讲师，也曾在早期教育领域工作多年。研究兴趣包括：儿童是消费者、儿童与风险社会、儿童与媒介。她负责本书第 5 章的撰写。

薇姬·麦克尤恩（Vicky McEwan）：曾在英国北安普顿郡担任顾问多年，为私立的、志愿性质的和独立的学校提供支持，并发起一系列倡议，包括针对 3 岁以下儿童的，以及如何与家长和照护者合作。现为英国诺丁汉特伦特大学的讲师，也是一位训练有素的森林学校管理者。她负责本书第 2 章的撰写。

莫伊拉·莫兰（Moira Moran）：曾在托幼机构和学校中任教并担任管理者20多年。现为英国诺丁汉特伦特大学的讲师，教授有关儿童研究以及教师职前培训的课程。研究领域为：早期儿童的游戏，以及户外环境为儿童发展带来的多种可能性。同时，她也是森林学校的培训师。她负责撰写本书的第3章以及第6章的部分内容。

洛娜·沃德尔（Lorna Wardle）：曾在学校和托幼机构工作多年，经验丰富。现为英国诺丁汉特伦特大学早期教育专业的高级讲师和早期教育教师职前培训课程的负责人，教授与儿童研究有关的课程等，对高质量的儿童照护，以及幼儿的学习经验特别感兴趣。她参与了本书第8章的撰写。

安妮·伍兹（Annie Woods）：英国诺丁汉特伦特大学早期教育专业的教师、项目负责人以及学术团队的负责人，开发了许多早期教育教师任职资格的培训课程和培训路径，还担任三所大学的校外考官。已出版著作包括：《儿童发起的游戏和学习：为无限的可能性而规划》；《有效学习的特征：创造和捕捉早期教育中的可能性》；《儿童早期参与程度测查：儿童参与的可能性》等。